独立学院发展与改革研究

吴霓 等◎著

中国出版集团
研究出版社

图书在版编目 (CIP) 数据

独立学院发展与改革研究 / 吴霓等著 . -- 北京 : 研究出版社 , 2021.3

ISBN 978-7-5199-0967-3

Ⅰ . ①独… Ⅱ . ①吴… Ⅲ . ①高等学校 – 学校管理 – 研究 – 中国 Ⅳ . ① G647

中国版本图书馆 CIP 数据核字 (2021) 第 050965 号

出 品 人：赵卜慧
责任编辑：刘春雨

独立学院发展与改革研究
DULI XUEYUAN FAZHAN YU GAIGE YANJIU

吴霓　等　著

研究出版社 出版发行
（100011　北京市朝阳区安华里 504 号 A 座）

河北赛文印刷有限公司　　　新华书店经销

2021 年 5 月第 1 版　2021 年 5 月北京第 1 次印刷
开本：710 毫米 ×1000 毫米　1/16　印张：12.5
字数：180 千字

ISBN 978 – 7 – 5199 – 0967 – 3　定价：58.00 元

邮购地址 100011　北京市朝阳区安华里 504 号 A 座
电话（010）64217619　64217612（发行中心）

目 录

CONTENTS

·总报告·

独立学院的发展历程和未来展望

吴　霓　李艳艳*

摘要：20世纪90年代随着我国的社会发展与人民生活水平的不断提高，高等教育大众化成为广大人民群众迫切的需求与呼声，作为高等教育的重要补充形式，独立学院应运而生。既拥有公办高等教育的优质资源，更兼具民办体制灵活的市场化特征，独立学院这一办学形式逐渐壮大，快速满足了高等教育资源不足的问题。2008年，教育部发布《独立学院设置与管理办法》（26号令），提出五年整合限期，独立学院也由此走上不同的发展道路。本文从独立学院与政策的关系出发，通过研究独立学院在历次变革中政策发挥的作用，分析政策法规对独立学院的影响，紧密围绕政策主线分析独立学院的困惑与解决途径，试图通过研究提出独立学院的发展方向。

关键词：独立学院　发展　政策变革

一、独立学院的兴起与发展

20世纪90年代，随着经济社会的不断发展和人民需求的不断提高，

---

* 吴霓，男，中国教育科学研究院教育发展与改革研究所所长、研究员、博士生导师。
李艳艳，女，贵州水利水电职业技术学院教师。

高等教育大众化成了日益迫切的呼声。1996 年 3 月，八届全国人民代表大会第四次会议上，国家提出了《关于国民经济和社会发展“九五”计划》，明确“实施科教兴国战略，促进科技、教育与经济紧密结合”“加快教育体制改革，积极探索与我国改革和发展相适应的办学机制和办学模式。鼓励社会力量办学，逐步形成政府办学为主与社会参与办学的新体制。提倡多种形式的联合办学，优化配置教育资源。”多种形式的社会力量办学具有了政策依据。

在此之后，江苏、浙江等省份率先于 1998 年开始大规模兴起民办二级学院。这一特殊的办学形式在不占用国家财政性经费的前提下，有效地弥补了我国本科高等教育资源的不足，同时对于充分发挥和利用现有教育资源、探索合作办学形式起到了关键作用。这一办学形式既解决了国家财政性经费投入不足的问题，同时也有效地实现了国有体制下的资源最大化，开创了民办教育发展的新时期。到 2008 年独立学院这一办学形式已发展成为拥有 318 所院校、219 万在校生的庞大高等教育体系。①

独立学院作为公办、民办高等教育之间的一种办学形式出现后，一直存在着规范管理的问题。2008 年 2 月 22 日，教育部正式发布《独立学院设置与管理办法》(以下简称 26 号令)，全文共七章五十九条，并于当年 4 月 1 日起执行。26 号令对于独立学院的定义、管理权限、设立及参与举办条件、管理形式与管理人员资质、法律责任等一系列内容逐一进行明确，形成了体系化的管理模式，并使这一办学形式有法可依。

26 号令第五十八条中规定：“本办法施行前设立的独立学院，按照本办法的规定进行调整，充实办学条件，完成有关工作。本办法施行之日起 5 年内，基本符合本办法要求的，由独立学院提出考察验收申请，经省级教育行政部门审核后报国务院教育行政部门组织考察验收，考察验收合格的，核发办学许可证。”2008 年，黑龙江、吉林、辽宁率先发起独立学院转设为民办普通高校，湖北、河南、山东、江苏、海南紧跟其后，在 5 年

① 鄢烈州、李晓波、曹艳峰:《我国独立学院治理研究》，武汉出版社 2009 年版，第 3 页。

过渡期前开始探索转设模式。2013 年 4 月，教育部 26 号令规定的 5 年期限已满，上海、重庆、四川、广东、河北、浙江、福建、安徽、新疆等省、自治区、直辖市陆续开启转设，截至 2019 年 6 月，仅有 17 个省份的 60 余所独立学院转设为民办普通高校，其中海南全省唯一一所独立学院转设，完成省级层面转设工作。尚有 13 个省份（全国 34 个省级单位中西藏自治区及港、澳、台地区未建独立学院）未启动转设，257 所独立学院面临未来办学模式的选择问题。

《中华人民共和国民办教育促进法实施条例（修订草案）》引发新一轮讨论。其中第七条明确规定："公办学校不得举办或者参与举办营利性民办学校。公办学校举办或者参与举办非营利性民办学校的，应当经主管部门批准，并不得利用国家财政性经费，不得影响公办学校教学活动，不得以品牌输出方式获得收益。公办学校参与举办的民办学校应当具有法人资格，具有与公办学校相分离的校园、基本教育教学设施和独立的专任教师队伍，实行独立的财务会计制度，独立招生，独立颁发学业证书。参与举办民办学校的公办学校依法享有举办者权益，依法履行国有资产管理义务实施义务教育的公办学校不得转为民办学校。"

如何完成和达到规定的各项条件，现有独立学院的发展走向面临众多困难。产权划分、利益分配、合作资质等重要条件以及验收独立后的教师编制、教学管理、竞争能力等后续问题成为独立学院未来发展的主要困难。此次针对独立学院大变革的形成原因就是政策的干预与指向，深入研究政策的影响结果，即政策对于独立学院的走向影响就成了一个重要的内容。

二、国外独立学院的研究情况

独立学院这一办学形式是我国在高等教育不断的办学探索与社会需求实践中摸索出的一种具有中国特色、带有时代特征的高等教育办学模式。这种模式不等同于国外的任何一种办学形式，属于在特定历史条件下因需求与条件而形成的产物，所以国外没有独立学院办学的相关经验，也没有对于这一办学形式的专项研究。

印度高等教育体制中，有一种大学附属学院形式与我国独立学院管理模式有部分相似之处，但就管理理念而言却存在一定的差距。“印度大学附属制是极具特色的印度高等教育制度，与我国目前兴起的独立学院在某些方面有相似性。”[①] 在印度国内称附属学院为“纳附学院”(Affiliating Universities)，纳附学院的数量超过 1.9 万所，是现今印度高等教育的主要支柱。印度社会较为关注的问题集中在附属学院学生就业、政府资金投入、大学对于附属学院管理的有效实施等几个方面。所研究的问题与我国对于独立学院的研究有一部分相同点，但更加侧重于大学对于这类学院的管理方法特别是在教学、考试等方面的监管上，而就本身的定位或走向问题，政府及监管部门都有明确且较为成熟的规定，纳附学院自身无须进行考虑或研究。这一办学形式有效地节省了大量的高等教育办学经费，使得国家可以把有限的资金集中投放到重点大学的建设中，从而出现了部分印度大学研究能力快速提升。但是这一形式也不可避免地存在其弊端，“由于教考分离，附属学院存在着押题、集体作弊、‘应试教育’等现象。另外一些附属学院的生源差、教育质量低、学生众多，致使文凭的含金量下降，从而导致印度大学附属学院的声誉差。”[②]

其他国家私立大学的办学形式，发展历史悠久，在欧美国家已经形成了非常完善的政府资助、个人投入、款项捐赠、监管措施等管理体系，“这些私立大学无一例外地选择了董事会管理制度作为顶层设计。”[③] 教学管理体系与经营体系完全分离，校长负责学校的教学管理与日常管理，董事会讨论决定经营策略以维系学校的运营。同时在政府层面也将私立大学纳入高等教育序列与国立、公立共同管理，对于学校政策管理不因办学体制或营运模式的不同而出现偏移。以美国为例，在其国内存在研究型大学、教学型大学、社区大学等办学形式，对于盈利性大学和非盈利性大学的界限十分清晰。在全美 3600 余所执行高等教育的大学中，私立大学约有 1900

---

① 季诚钧:《印度大学附属制对我国独立学院的启示》，载《教育研究》2007 年第 7 期。

② 阚海宝:《独立学院运行与决策分析》，西南财经大学出版社 2011 年版，第 17 页。

③ 王宁:《美国私立大学董事会制度的历史演变》，载《江苏高教》2009 年第 2 期。

所，略高于公立大学数量，其中不乏哈佛、普林斯顿、耶鲁、斯坦福等世界级名校，对于大学的研究范围也不存在公立与私立的差别。在亚洲教育较为发达的日本、韩国，早稻田大学、庆应义塾大学、同志社大学、立命馆大学、高丽大学、延世大学等皆为私立大学，与欧美对于大学的研究情况基本相同。

三、国内独立学院的研究情况

在此之前，作者对 2003 年 1 月至 2019 年 6 月国内期刊发表的关于独立学院的相关研究文献进行了汇总分析，进而明确了本次研究的方向。中国知识基础设施工程（CNKI，中国知网）在此期间共发表关于独立学院的期刊文献 21634 篇，在对这些文献以宏观形式进行研究范畴的划分中，共分为六个大类，即独立学院的“现状研究”“管理研究”“发展研究”“改革研究”“创新研究”和“思考研究”。其中还包含了独立学院的发展模式、财务管理、党政管理、教学管理、学生管理、人事管理、后勤管理、校园管理、思政教育、教学、科研与师资队伍建设等诸多方面。在各项研究中，独立学院的教学研究、学生管理、人才培养模式、师资队伍建设是当前学界重点关注的主题。

国内对于独立学院的研究最早见于 20 世纪 80 年代后期，主要是以探讨台湾独立学院的办学、招考形式为主要内容，发表文献量及研究层面处于初始阶段。90 年代国内真正出现独立学院这一办学形式后，引起的关注并不广泛，到 2003 年教育部发布《关于规范并加强普通高校以新的机制和模式试办独立学院管理的若干意见》后，国内学者逐渐开始对其办学形式所引发或涵盖的问题提出讨论和探索，当年发表论文数 52 篇。其后的几年中对于独立学院的研究文献数量逐渐增加。2008 年教育部 26 号令发布以后，国家明确了对于独立学院的各项要求和规范，国内期刊当年关于独立学院的研究文献突破 1000 篇，2011 年至 2015 年是独立学院研究的高峰期，每年文献刊发数量保持在 2000 篇以上。2016 年以后，随着独立学院的转设、回归母体、维持现状等多种办学形态的明朗化，关于独立学院的研究文献数量出现回落。

就研究内容可以归纳为以下两点：一是研究领域广泛。经过十年的发展，对于独立学院的研究涵盖了高等学校管理的所有领域。从模式、性质、特色、管理、对策、改革、创新、反思到队伍建设、教学研究、党政工作、学生就业、人才培养、设施设置、后勤保障等。这主要是因为独立学院在高等教育的份额中逐渐增加，影响力不断扩大所带来的众多关注，并且此类关注逐渐增强，由历年来关于独立学院的研究文献数量变化可以充分证明这一点。其中涉及教学研究（101 篇）和学生就业内容（207 篇）的较多。二是热点跟随政策。多年来对于独立学院的研究明显区分出了节点，节点的形成主要是因为出台的国家法令或政策中或多或少地带给独立学院一些迷茫感。如 26 号令中规定的“基本符合”，究竟什么是“基本符合”就成了众多独立学院研究者的研究对象，同时衍生出的发展、创新、走向等问题就成了研究的主要内容。所以对于独立学院的研究，越来越多地与国家政策、法令紧密联系，对法令中提出的问题进行探讨已成为独立学院研究的一个重要方向。

“对于独立学院共同面对的走向问题，尤其是政策方面的影响等问题，在 CNKI 搜索中仅有 21 篇是专门关于此方面的研究文献。此外，除湖北、浙江、江苏、四川等少数几个省份有针对本省独立学院地域发展特点的研究外，其他各省对于独立学院的地域性特点研究较少，这也是研究方向中较为欠缺的一项。”①

在书籍方面，中国知网共收录 85 种关于独立学院的图书。其中 2009 年、2010 年、2011 年合计出版图书 36 种，几乎相当于自 1999 年至 2008 年十年出版数量的总和，这充分说明自教育部关于独立学院的 26 号令发布后，各方对于独立学院的研究呈几何级增长，也说明独立学院所引起学界的关注程度逐渐提高。在图书所涉及的研究范围中，既包含了对于独立学院各方面具体工作，如财务管理、师资队伍建设、思政教育、人才培养

① 吴霓、李艳艳:《关于独立学院研究的分析》，载《大学（学术版）》2012 年第 8 期。

模式、教学改革等常规问题，也涵盖了独立学院的运作模式分析、未来发展研究、政策治理综述、管理模式探讨等较深层次的思考，其中业界人士的关注程度与深层思考尤为突出。包含了专门针对发展走向的研究，如：湖南师范大学树达学院院长荆光辉所著的《独立学院发展研究》，“以当代独立学院院长特有的观察视角，从基础理论、发展方向等方面入手，对独立学院的发展历程与定位、办学体制与运行机制、特色教育、资源配置、政策法规保障等进行了研究分析”[①]；杨卫东为《独立学院之命运》所做的代序文章指出，“规范独立学院不应简单地套用公立高校标准，更不是翻牌为民办高校，而是要在政策上、制度上、机制上对独立学院实行彻底的改造”[②]；还有专门对于独立学院地域发展特点的论著，如冯文广教授的《独立学院发展战略研究——以四川省为例》，“研究从实践及理论两个层面总结了四川省独立学院发展的经验，并对四川省独立学院发展中所面临的困难进行了分析，进而提出相应的对策。通过对不同类别的独立学院案例进行实证研究，分析其成功的经验和所面临的问题，增强了本研究的实证性”[③]；德国科学院院士来茂德教授的《中国高等教育发展的新探索——以浙江大学的两个独立学院为案例》中写道：“学院的发展不仅取决于它们的历史渊源，而且在很大程度上取决于它们在发展过程中所经历的一些重大事件，例如宗教改革、世界大战、国家的法律、政策和院校本身的变革动机和改革力度等。学院与大学的关系也不是一成不变的，而是在上述各种因素构成的复杂内外环境中逐步形成和演变的。”[④]在图书方面，对于独立学院的研究较为全面，且近年来关注焦点逐渐转向独立学院的未来走向问题，探讨和研究独立学院的发展定位，如何适应脱离母体高校实现独

---

① 荆光辉：《独立学院发展研究》，湖南师范大学出版社 2011 年版。

② 杨卫东：《独立学院的思考——独立学院之命运》，载《江汉大学学报（社会科学版）》2012 年第 4 期。

③ 冯文广：《独立学院发展战略研究——以四川省为例》，西南财经大学出版社 2010 年版，第 2 页。

④ 来茂德：《中国高等教育发展的新探索——以浙江大学的两个独立学院为案例》，浙江大学出版社 2004 年版，第 19 页。

立，如何延续办学模式坚持运营，如何处理各方产权关系，如何解决未来可持续发展等一系列相关问题。截至2019年6月，尚有265所独立学院面临着未来发展走向的困惑。

随着独立学院的发展与壮大，这一办学形式已为大众所接受和认同，同时国家发展建设及人才强国战略越发明确，“主要以加快转变经济发展方式为主线，以科技进步和创新作为重要支撑，深入实施科教兴国和人才强国战略，提高教育现代化水平，推动发展主要依靠科技进步、劳动者素质提高、管理创新转变。高等教育作为科技第一生产力和人才第一资源的重要结合点，具有特殊重要的作用。”[①] 独立学院在适应市场经济发展，推进高等教育由精英化向大众化转变过程中作用尤为突出。

通过对国家出台的关于独立学院相关政策进行较为深入地探讨和分析，研究独立学院这一办学形式受政策影响的程度、在政策影响下的可选择走向以及应对政策的策略选择和政策调整过程中的指向作用等，以办学形式分析独立学院走向困境的形成原因，以政策分析解析独立学院未来发展走向，帮助独立学院明晰发展走向问题，为独立学院提供一定的研究借鉴，为独立学院走出一条独立发展之路，使独立学院真正独立起来，寻找政策上的更多前景与指向。

四、独立学院的政策背景及发展历程

20世纪90年代初期，“我国改革开放和现代化建设事业进入了一个新阶段。建立社会主义市场经济体制，加快改革开放和现代化建设步伐，进一步解放和发展生产力，使国民经济整体素质和综合国力都迈上一个新台阶。这对教育工作既是难得的机遇，又提出了新的任务和要求。”[②] 随着发展的加快，增强全民文化素质，提高受教育程度，应对市场环境下的人才需求，成为大众追逐的目标，人民群众对于高等教育大众化的渴求越发强

① 《教育部关于“十二五”期间高等学校设置工作的意见》（2011年）。
② 《中国教育改革和发展纲要》（1993年）。

烈。为了满足社会需求，加大高等教育受众比例，国家努力推动办学体制改革，多种办学形式充实到高等教育体系中，独立学院由此登上历史舞台。在独立学院的发展过程中，政策起到了催化剂和调和剂的作用，历次发展和变化都有其特定的政策背景，在政策的不断推动下，独立学院不断发展壮大，同时也形成独特的办学特色。

1982 年，全国人大常委会彭真委员长在《中华人民共和国宪法修改草案的报告》中率先提出“两条腿办教育”，同年“国家鼓励集体经济组织、国家企事业单位和其他社会力量依照法律规定举办各种教育事业”[①]正式成为宪法内容，预示着在中国大地上，终止三十多年的民办教育在法律上予以解禁。1987 年原国家教委发布《关于社会力量办学的若干暂行规定》，此规定在宪法的基础之上明确定义了可参与办学的社会力量涵盖范围、须坚持的基本原则、政府的支持与辅助原则以及监管和检查措施等内容。但该规定中也对办学资金及收入有了较为严格的规定：“社会力量办学的经费自行筹集。学校可向学员收取合理金额的学杂费，但不得以办学为名非法牟利。社会力量举办学校的全部收入以及固定资产，归学校所有。”[②]对其获得的财产没有明确产权关系，这也反映出了特定历史时期下所表现出的时代烙印。即便如此，国内的社会力量办学还是出现了活跃气氛，全国范围内从学前教育到高等教育，从学历教育到技能培训，多层次、多渠道、多领域的社会力量办学星罗棋布，呈现出前所未有的活力。

1993 年，河南省所属郑州大学成功引入王广亚先生所领导的台湾广兴文教基金会资金，正式设立郑州大学升达管理学院，开创了外资投资建立二级学院的办学先河，同时这也是第一家由公办普通高等学校参与设立的民办高等教育机构。升达学院的建立标志着公办普通高等学校与社会力量资金组合这一形式的探索性尝试，校方投入品牌、师资力量及培养经验，资方投入土地、校舍及教学设备，在校方监管下资方进行管理，双方使用

---

① 《中华人民共和国宪法》(1982 年)，第十九条。

② 《关于社会力量办学的若干暂行规定》(1987 年)，第十五、十六条。

优势资源结合，开启了一种全新的办学模式。

1997年10月，国务院发布《社会力量办学条例》(以下简称《条例》)，该《条例》在原规定的基础之上进一步细化完善，并对原来较为模糊的概念予以明确。“企业事业组织、社会团体及其他社会组织和公民个人利用非国家财政性教育经费，面向社会举办学校及其他教育机构的活动。”① 被正式定性为社会力量办学行为，办学体制被纳入教育序列。《条例》中延续了“暂行规定”中对于社会力量办学所得收益的使用规定，并进一步明确“社会力量举办教育机构，不得以营利为目的”。②“教育机构的积累只能用于增加教育投入和改善办学条件，不得用于分配，不得用于校外投资。”③ 同时也提出国家保障社会力量办学的合法权益，社会力量办学及其教师、学生依法享有与国办教育机构教师、学生的平等法律地位。自此，社会力量办学获得了较为完整的设立、运行及管理机制。在《条例》中既鼓励也严格约束社会力量的办学行为，也在《条例》中规定了“国家严格控制社会力量举办高等教育机构”。④ 此前成立的郑州大学升达管理学院这种联合办学的模式因其不具备普遍性，所以此种办学形式是否完全适用本《条例》并没有明确说明。《条例》从法规层面上给出了生存和发展的空隙，也为联合办学及民办二级学院的兴起埋下了伏笔。

1998年江苏率先成立了南京工业大学浦江学院、苏州大学应用技术学院、扬州大学广陵学院等多所民办二级学院，这些学院延续联合办学形式，在很大程度上补充了我国高等教育的不足。同年，国家颁布《高等教育法》，在该法中国家对于社会力量兴办高等教育继续沿用了原《社会力量办学条例》中的部分规定，“鼓励企业事业组织、社会团体及其他社会组织和公民等社会力量依法举办高等学校，参与和支持高等教育事业的改革和发展”。⑤ 允许社会力量进入高等教育领域，“鼓励高等学校与科学研究机构及企事业组织之间开展协作，实行优势互补，提高教育资源的使用效

①②③ 《社会力量办学条例》(1997年)，第二、三、五、六条。

④ 《社会力量办学条例》(1997年)，第三十七条。

⑤ 《中华人民共和国高等教育法》(1998年)，第六、十二、二十四、六十、六十八条。

益。”[①]明确规定了“设立高等学校，应当符合国家高等教育发展规划，符合国家利益和社会公共利益，不得以营利为目的”[②]的高等学校办学原则。严格限制“抽回投入办学资金”。[③]这些规定在一定程度上限制了民办高等学校的兴办速度，将很大一部分民办学校限制在了职业教育的范围内，许多处于财富积累阶段的教育投资者不敢贸然进入高等教育这一范畴。但很快在解读《高等教育法》的过程中就有人发现，法律中明确提出“高等教育是指大学、独立设置的学院和高等专科学校”。[④]民办二级学院被置于大学及独立设置的学院之下，实际上与对民办高等学校的管理出现不同，成了国家高等教育管理中的间接管理项。换言之，民办二级学院并没有直接处于《高等教育法》的监管范畴，而是在受该法约束的大学或独立设置的学院之下，属高校内部管理体制，因此，民办二级学院可以回避部分法律约束而得以生存。继江苏省之后，全国各省份陆续建立联合办学形式的民办二级学院，“截至1998年底，全国共成立民办二级学院90多家”[⑤]，充实进入高等教育行列。

1999年，在内外部环境的多重因素作用下，国家作出扩大高等学校招生数量的决定，并于当年由国家发展计划委员会与教育部共同发布《关于扩大1999年高等教育招生规模的紧急通知》(教电〔1999〕246号)在年初扩招22万人的基础之上再扩大招生33.7万人，当年高等学校招生159.68万人，比上一年增加51.32万人，增幅达到47.4%。此后的几年时间里，国家继续扩大高等教育招生规模，2000年招生180万人，2001年招生260万人，2002年招生突破320万人。高考录取比例由1998年的33.75%猛增至2002年的62.74%，增幅高达85.9%。面对如此良好的扩招势头，民办二级学院在此契机下发展速度逐年加快。

2002年12月，国家颁布《民办教育促进法》，“本法自2003年9月1日起施行。1997年7月31日，国务院发布的《社会力量办学条例》同

①②③④ 《中华人民共和国高等教育法》(1998年)，第六、十二、二十四、六十、六十八条。

⑤ 徐绪卿:《新时期中国民办高等教育发展研究》，浙江大学出版社2005年版，第14页。

时废止。”[①] 法律的发布在政策层面上给予民办教育更多的扶植与发展机遇，该法更是摒弃原来对于民办教育收益部分的模糊界定，规定“民办学校在扣除办学成本、预留发展基金以及按照国家规定提取其他的必需的费用后，出资人可以从办学结余中取得合理回报”。[②] 首次提出的“合理回报”概念，彻底结束了民办教育剩余利益归属的法律问题，这也在另一个层面上更加刺激了民办二级学院的建设。至 2003 年初，“全国有 25 个省市举办民办二级学院，数量达到 300 多个，本科在校生 40 多万人。初步形成占地约 7 万亩、校舍约 876 万平方米、教学仪器设备约 12 亿元、图书约 2000 万册的高等教育资源。”[③] 民办二级学院的办学形式经过初期的检验，符合了社会发展和高等教育事业发展的需求，适应了整体的发展环境，由此也成为与公办高校、民办高校并列的重要办学形式。

民办二级学院的发展速度是惊人的，在此之前也是很多人始料未及的。面对已形成如此规模的庞大系统，在法律法规上予以规范已成为刻不容缓、亟待解决的问题。2003 年 4 月，教育部印发《关于规范并加强普通高校以新的机制和模式试办独立学院管理的若干意见》，此意见的发布意味着对于民办二级学院有了较为健全的管理规定。意见中指出“近年来，随着我国高等教育规模的快速增长，各项相关改革不断深化，一些地方和高校在高等教育办学机制方面进行了大胆探索，其中由普通高校按照新的机制和模式试办的相对独立的二级学院（以下简称独立学院）发展较快，在保证高等教育规模的增长、扩大高等教育资源等方面起到了积极作用”。[④] 意见的发布在实际上对这种办学形式给予充分的肯定，也正式确定了这种办学形式的名称——独立学院。意见中对于独立学院的设置原则有了较为明确的规定，同时对于办学的基本条件规定了：“初办时一般应当具备：校园占地面积不少于 150 亩（艺术类院校和国家另有规定的除外），

① 《中华人民共和国民办教育促进法》（2002 年），第六十八条。
② 《中华人民共和国民办教育促进法》（2002 年），第五十一条。
③ 周济：《促进高校独立学院持续健康快速发展》，载《教育发展研究》2003 年第 8 期。
④ 《关于规范并加强普通高校以新的机制和模式试办独立学院管理的若干意见》（2003 年）。

为了保证今后发展需要，应预留发展用地，校园规划占地面积不少于 300 亩。教学行政用房建筑面积不少于 4 万平方米，教学仪器设备总值不少于 1000 万元，图书不少于 4 万册。独立学院还应具备不少于 100 人的、聘期一学年以上的、相对固定的专任教师队伍。专任教师中具有副高级以上职称的比例应不低于 30%。独立学院正式招生时生均各项办学条件应基本符合国家规定标准。”[①] 明确了独立学院的几个独立要素“独立学院应具有独立的校园和基本办学设施，实施相对独立的教学组织和管理，独立进行招生，独立颁发学历证书，独立进行财务核算，应具有独立法人资格，能独立承担民事责任。”[②] 为了有效地实现监管，同年 8 月，教育部下发了《关于对各地批准试办的独立学院进行检查清理和重新报批工作的通知》，对全国各地、各高校举办的 360 多所独立学院的“校中校”、以二级学院名义“双轨收费”、产权不明晰、民办机制不健全、不独立发文凭等办学失范行为进行了清理整顿，最后取消了 100 多所，重新备案最终确认了 249 所。[③] 独立学院在法规及检查监管下进入了发展规范期。

2004 年以后，国务院及教育部相继颁布了《民办教育促进法实施条例》《关于加强独立学院招生管理的通知》《关于加强民办高校规范管理引导民办高等教育健康发展的通知》《关于对普通高校、独立学院办学条件等有关问题核查情况的通报》《民办高等学校办学管理若干规定》等一系列涉及独立学院规范管理的法律、法规和文件。进一步加强了对于独立学院的办学资质、条件、发展情况、法规执行情况等关乎未来发展问题的监管，停办了一批不符合标准的独立学院，使独立学院的建设管理工作走上了正轨。

2008 年，教育部发布《独立学院设置与管理办法》，国家对于独立学院的设置与管理规定进一步规范，《办法》对独立学院的定义与性质、设立条件、组织活动、管理与监督、变更与终止、法律责任及规范限期等项

---

①② 《关于规范并加强普通高校以新的机制和模式试办独立学院管理的若干意见》(2003 年)。

③ 刘凤泰:《从专项检查看独立学院的生成与发展》，载《中国高等教育》2005 年第 17 期。

内容提出明确要求，现有独立学院及在计划建设中的独立学院都要按照此令严格执行。同年，黑龙江省率先发起独立学院转设，9 月 27 日教育部正式发布《教育部关于同意哈尔滨商业大学德强学院转设为哈尔滨德强商务学院的通知》（教发函〔2008〕285 号），由此开启了独立学院转设的浪潮。

2016 年 11 月 7 日，《民办教育促进法》迎来了一次重大的修订，并于 2018 年进行了进一步的修订完善。新《民办教育促进法》删除了原来的“合理回报”条款，实行营利性和非营利性两类民办学校分类管理，这为包括独立学院在内的民办学校带来了崭新的发展契机。

2018 年 8 月，《中华人民共和国民办教育促进法实施条例（修订草案）（送审稿）》发布，其中第十二条明确规定：“同时举办或者实际控制多所民办学校、实施集团化办学的社会组织应当具有法人资格，具备与其所开展办学活动相适应的资金、人员、组织机构等条件与能力，并对所举办民办学校承担管理和监督职责。实施集团化办学的，不得通过兼并收购、加盟连锁、协议控制等方式控制非营利性民办学校。”[①] 这一条例的发布对目前大量实行 VIE 构架的教育投资集团形成巨大冲击。作为独立学院这一办学模式的最大购买方，各大教育投资集团在 26 号令发布后纷纷将投资目标放在了独立学院上。因其具有母体高校知名度、社会认可度及在校学生等优质资源，相较于新办学校，投资方更愿意进行收购投资。而伴随送审稿的出台，教育投资集团的并购模式是否合法？收购前的办学形式是否为营利型？学界出现了因立场不同而产生的过分解读与乐观解读。

截至 2019 年 6 月，累计 60 所独立学院实现转设，加入民办本科高校行列。同时，独立学院这一办学模式也出现了完全不同的走向。2019 年 4 月 8 日，教育部发布《关于同意北京师范大学珠海校区建设的批复》（教发函〔2019〕14 号），北京师范大学珠海分校逐年减少招生，于 2021 年停止招生，2024 年终止办学，同时成立北京师范大学珠海校区。在官方回复中，明确珠海校区将与北京师范大学相同，成为“双一流”高等学校，这

① 《中华人民共和国民办教育促进法实施条例（修订草案）（送审稿）》（2018 年）。

一形式给独立学院未来走向以更多选择。

2020年5月15日，教育部办公厅印发《关于加快推进独立学院转设工作的实施方案》，要求按照“能转尽转、能转快转，统筹兼顾、协调推进，分类指导、因校施策”的工作思路，把独立学院转设作为高校设置工作的重中之重，积极创造条件推动完成转设。到2020年末，各独立学院全部制定转设工作方案，同时推动一批独立学院实现转设。这对独立学院转设作出了进一步的部署安排，有利于鼓励社会力量兴办教育、推动高等教育内涵发展和促进教育公平。

五、独立学院的发展特色

在独立学院的发展过程中，逐渐形成了独有的办学特点与办学理念。这些特点既区别于公办高校具有更加敏锐的市场洞察力和应变机制，同时也不同于民办高校教育资源落后难以打开招生局面的困境。

独立学院的民营机制在成立之初的名称中就有所体现，我国最早称独立学院为“民办二级学院”或“新制二级学院”，民营机制是独立学院的重要管理特点。在发展建设过程中，独立学院也充分发扬了民营机制的办学优势，敏锐的市场洞察能力与灵活的调控机制相结合，勇于探索新方法、新思路，大胆改革突破模式，主动合作联合共赢，这些举措的执行开创了迎合需求、创造机遇的发展局面。

民办机制本身以追求发展速度与资产膨胀的最大化为发展原则，在一定程度上适应了市场动态。同时，民办机制也使独立学院不轻易涉足风险性投入，在科研等投入较大的工作上予以回避，从而降低了投资风险。民营资本在独立学院中所追求的既有公益性质的教育贡献，也在国家允许范围内追求合理回报，这就使独立学院具有更加明确的选择方向，与民办教育一样具有很强的灵活性和渗透力。

前面讲到了独立学院具有民办教育所拥有的市场化的灵活自主能力，同时也兼具民办教育所不具备的资源优势。独立学院从成立之初就拥有公办高校的许多特有资源，如品牌优势、教研分享、师资资源以及发展保障。其原因就在于独立学院本身是依托母体高校建立起来的民办体制经营模式的高校，在民办体制的承载下同时获得了母体高校较为成熟的办学经验支持与分享。

众多独立学院在办学过程中，能够获得母体高校的更多支持，这些支持在建校初期对于独立学院的作用决定了独立学院这一办学体制本身与民办高校的差别与优势，在后续的发展中，这些支持也给予独立学院更多的保障。在品牌的运用上，独立学院相对于民办高校拥有较强的竞争力，很多独立学院更将名称定为学科或二级学院名称。如天津医科大学临床医学院、河北联合大学轻工学院、山西农业大学信息学院、东北师范大学人文学院、安徽财经大学商学院等[①]，这些名称的使用在一定程度上利用了母体高校的品牌影响，对于学院的招生及学生就业起到了推动作用。

有了较为优势的品牌资源，独立学院在吸引学生方面首先占据了优势，其后的教学质量和师资条件就成了学生选择学校的另一个重要依据。独立学院的背后是母体高校多年沉积下的教学管控体系，同时也拥有着庞大的师资保障。通过教学体系的移植，独立学院就具备了比民办高校更为可靠的教学管控保障，在认知过程中更加容易为教育群体所认同。另外，独立学院也可以更加容易地获得母体高校的师资资源。有了稳定可靠的师资力量保障，对于教学的有效实施起到了关键的作用。这些有利的条件使独立学院具有了民办高校所不具备的优势，在与民办高校的竞争中也将延续优势发展壮大。

六、独立学院投资主体差异带来的影响

独立学院自成立之初就出现了办学形式上的实际区别，这中间既有资金来源问题，也牵扯到母体高校产权价值问题。全国各省对于独立学院的作用及发展预期也存在着巨大的分歧，各种办学形式从自身利益最大化的

① 独立学院名单（截至 2012 年 3 月 29 日），教育部网站，http://www.moe.gov.cn/，2012 年 9 月 14 日公布。

角度出发必然导致与政策的博弈。在维持生存和保障发展的问题上独立学院需要解决自身的走向问题。

独立学院出现的重要表象是外部资金进入高等教育体系，是由“普通高等学校与国家机构以外的社会组织或个人合作，利用非国家财政性经费举办”。[①] 引入外资，加快发展高等教育，增加本地毛入学率，扩大高等教育普及范围等重要作用越发凸显。各种形式的资金进入独立学院的办学运作后，2005 年教育部针对独立学院进行专项检查，检查后的总结中显示“独立学院累计吸纳民间教育资本 300 多亿元”。[②] 在这些投入中既包含了民营资本，也包含了部分国有资产。2009 年一项有全国 103 所独立学院参加的问卷调查显示，参调独立学院中由母体高校与私营企业合作的有 43 家，占总数的 41.7%，另有 6.8% 的独立学院与国有企业进行合作。[③] 这些办学形式我们可以称之为融资开办型独立学院。这类独立学院根据资金的来源又可以分为国有资产投入开办、民营资金投入开办和多种投资联合开办三种形式。

运用国有资产投入开办独立学院的典型院校是复旦大学上海视觉艺术学院，该学院联合了上海文化广播影视集团、文汇新民联合报业集团、上海世博（集团）有限公司等 10 多家国有企业投资，这些投资者不求回报，也不给复旦大学上缴管理费，学院接受多方面赞助，办学资金充裕。截至 2010 年学院净资产达到 6.9 亿元。[④] 这一类型的独立学院占比不大，主要原因是国家并未鼓励国有企业参与独立学院的投资，同时对于办学的回报部分也很难进行分配。国有资产参与办学后对于独立学院的未来走向影响明显，这种办学形式无法转为民办机制，近似于已经停办多年的国有企业办学，对于这类学校的定位比较困难，因其资产来源属于公共财产部分，

---

① 《独立学院设置与管理办法》(2008 年)，第二条。

② 刘凤泰:《从专项检查看独立学院的生成与发展》，载《中国高等教育》2005 年第 17 期。

③ 季诚钧、何菊芳、方文彬:《独立学院办学现状、困境与对策思考》，载《教育发展研究》2009 年第 22 期。

④ 杨德广:《独立学院的发展模式及未来走向》，载《教育发展研究》2010 年第 2 期。

如果完全按照民办的机制运营独立学院也就意味着国有资产被侵占。

第二类是以民营资本投入开办的独立学院，这类学院在独立学院中的比重比较大，如华中科技大学南昌分校、中山大学南方学院、黑龙江大学剑桥学院等。这类学院在国家允许办学可以有合理收益后发展较快，在法律明确规定办学产权关系后各学院都加大了对基础建设及教学设施的投入。经济较为发达的湖北、广东、浙江、江苏等省份的独立学院很大一部分采用的是民营资本投入。黑龙江省 2008 年以前建立的 10 所独立学院，全部使用民营资本。这一类独立学院的办学形式产权关系清晰，向民办高等教育发展的目标较为明确。

第三类是多种投资联合开办的独立学院办学形式，例如浙江大学城市学院采用的是政府与国有企业联合投入办学资金的形式，北京交通大学海滨学院采取政府与民营企业联合投入办学资金的形式。这一类独立学院在内部管理上是否顺畅取决于投资各方的办学主旨是否统一，一旦出现利益分歧将很难收拾。北京交通大学滨海学院就曾因投资方控股权纠纷等问题财务冻结、工程停工，一度几乎停办。联合投资的形式对于办学本身帮助较大，更容易获得多方的支持，但是扩大了分歧的可能，办学走向也不甚清晰，很难确定未来转制模式。

自独立学院办学形式出现后，很多地方政府充分认识到独立学院这一办学形式的优势，在高校益地作用的推动下，珠海、宁波等发展较快城市的政府纷纷争抢名校资源开办独立学院，这也就成了独立学院的另一种办学形式——政府投建独立学院。

2001 年，浙江省宁波市政府与浙江大学联合成立了浙江大学宁波理工学院，同年广东珠江市政府与北京师范大学联合成立了北京师范大学珠海分校。这部分独立学院的建立，充分说明了各地在发展过程当中，因本地高等教育资源稀缺，为加大城市科技竞争能力，提高本地毛入学率，吸引人才等需求，采取全新的办学模式引入高等教育资源。

依靠政府背景建立起来的独立学院，在教学用地、教学设备以及办学的其他各项投入上具有保障，同时当地政府给予这类独立学院的政策也比较宽松。政府投建的独立学院大都设定为近似于公办高校的研究型大学建设目标，北京师范大学珠海分校就建立起了4所国家级实验室、35所研究机构。另外，这部分独立学院更加注重高等学校本身的公益性质和作用，所获取的收入大多投入学校的发展建设当中。浙江大学宁波理工学院建校十年间，累计在校园基础设施建设中投入8.4亿元，实验室建设投入1.2亿元，另在校园网络中心建设中投入3000多万元。有了政府的大力支持，学院在教师的选任和留用上也具备较大的优势。浙江大学宁波理工学院，虽为民办机制的独立学院，但是其教职工组成中，中高层管理人员由浙江大学和宁波市派遣并任命，所有教师具有与公办高校教师相同的事业编制。在2012年宁波市人力资源和社会保障局网站公布的信息中，浙江大学宁波理工学院招聘教师70名，招聘标准全部为博士研究生或副高级职称，享受待遇为事业编制。

独立学院兴起后，为了有效解决捐资助学生概念的转型，许多高校自行建立或与高校下属企业共同建立起了一批独立学院。这部分独立学院的办学母体以二、三类本科学校居多，但其中也有如南京大学等国内知名高校。

高校自办独立学院的办学形式，对于高等教育师资资源的利用更为有效，学校以委派的形式将学校事业编制教师选派至独立学院任教，教师体系更为稳定。贵州省建立的八所独立学院中，除贵州民族大学人文科技学院外全部采用的是高校自建形式独立学院。这一类独立学院在教学管理等方面采用的措施移植自母体高校，教学水平较高、口碑好，获得了较为广泛的社会认同。同时，此类独立学院还兼具了为母体高校提供资金保障的功能，对于母体高校的发展贡献较大。

独立学院的各类型因投资主体的不同出现了明显的利益博弈。独立学院在出现之后被完全定义为以民办机制进行管理的高等学校，但在实际操作中并没有像民办高校那样给予准确的界定原则，这就造成了产权关系影响未来发展走向的情况。

在独立学院的各办学形式中既有政府、事业单位、国企、高校参与，同时又有民营资本的进入，教育部26号令将其统一规定，要求将全部资产过户到独立学院名下，这就意味着部分国有资产转化为民营资产，在法律上不被认可。全国人大常委会法制工作委员会起草《民办教育促进法》的参与者在对这部分法律进行解释时曾提道："一些公办的小学、中学和大学，利用自筹资金或者是利用现有的资源，包括品牌资源、校产、教师等，举办另外的学校，也就是所谓的二级学院或翻牌学校。这类学校不适用于本法。因为这类学校实质上是利用国有资产办学，容易导致国有资产的流失。"[①]这段说明直指独立学院，因其办学中实际使用了学校品牌、师资等资源，特别是母体高校自建独立学院，更是将校产投入其中，这也给机制的转变造成困难。

对于母体高校在独立学院中投入的品牌、教学管理以及教学实施所占的产权份额也是较为难以衡量的一项指标。独立学院在实际招生中，使用了母体高校的名称，而在很多调查问卷中都显示出母体高校的品牌作用。学生的数量直接带动了独立学院的经济收益，那么在产权的占比中多少比例更为合适就成了产生纠纷的关键点。特别是在高等学校与民营资本合作中，民营资本要求得到合理回报，这就形成了主办高校与民营资本之间的"零和游戏"，双方此消彼长，都希望获得更大的收益。一旦民营资本不能够获得预期收益，又将引起教学投入的减少、收费项目的增加等一系列问题，如果不能很好地解决将直接影响办学发展甚至引发生存危机。

明确独立学院的各项产权关系决定着未来走向，分清独立学院的各种类型到底属于"公"还是"私"，独立学院本身能不能兼具这两种样态，也需要不断地完善政策。《独立学院设置与管理办法》中规定："独立学院是民办高等教育的重要组成部分。"这一点等于给予了独立学院明确的定义。举办独立学院的经费来源应为"普通高校与国家机构以外的社会组织或者个人，利用非国家财政性经费"。《民办教育促进法释义及实用指南》

---

① 许安标、刘松山：《〈中华人民共和国民办教育促进法〉释义及实用指南》，中国民主法制出版社2003年版，第231页。

中指出："国家机构是指国家立法机关、行政机关、司法机关和军队。而非国家财政性经费是指政府直接拨给或征收的资金。"在独立学院的现有办学类型中，政府、国企、事业单位和高校参与成立的独立学院全部早于法令的发布，实际形成了遗留问题。

而对于"民办教育"这一概念在出现之初就受到了中国教育界许多学者的质疑。"在中国的传统文化中'民'与'官'不是对举的概念，'私'与'公'才是对举的概念，所以相对于'公办学校 '称为'私立学校'才更为贴切。"①"私立"本身的含义源自私有制，这种所有制形式具有排他性占有的特点。而在独立学院的定义中将其归结为"公益性事业"，将公益事业的特点"社会性"和"福利性"与私有制形式进行比对，我们就不难发现两者之间存在的严重分歧。

七、独立学院未来发展走向分析

独立学院在办学过程中以吸收高考中三批次本科（本科二批次）生源为主，个别独立学院收取高考一批次本科生源。这些学生的共同特点是高考成绩不理想，一般会认为这类学生的整体入学前基础知识水平普遍低于公办普通高校录取学生。独立学院根据学生的特点在设立之初也考虑到了这个问题，于是很多独立学院提出，对于学生的培养方向应侧重于应用型本科培养，这样的培养模式在我国教育体系中更加倾向于高等职业院校的培养方向。国内曾有学者提出"条件成熟的独立学院站在本科教育的起点上逐步向职业教育转型"。②此类定位问题牵涉到国家的发展需求中对于技能型人才的定位，往往一种样态的定位代表着对另一方的对比甚至否定。同批次录取学生的高等学校除独立学院外还有公办高校和民办高校，如果独立学院的办学与发展定位确定为技能型人才培养就意味着在我国的教育体系中，对高考三批次录取学生的职业规划予以确定。这样的形式既不利

① 袁征:《中国教育问题的哲学思考》，海天出版社 2009 年版，第 59 页。

② 何煦:《独立学院向高等职业教育转型的三个视角》，载《教育学术月刊》2012 年第 1 期。

于学生的未来发展，同时对于三批次录取院校的制约作用也是不可估量的。

另外，也有一部分人认为独立学院的发展定位可以模仿美国的社区学院，“独立学院在我国高等教育大众化的过程中扮演了与社区学院相同的角色；美国社区学院的地方性与区域性、面向社会与市场，以教学为主要任务、专职教师少等特点也与我国独立学院非常相似。借鉴这种具有代表性的学院办学经验，是发展独立学院的可行之路”。[①] 美国社区学院一般执行为期两年的教育，教学过程中重视社会的需求与参与，与企业开展广泛的合作。这些特征与我国现行的高等职业教育特征近似，与前面提到的独立学院的职业教育转型区别不大。

独立学院这一形态自出现之日起就与民办高等教育和高等职业教育不同，因为独立学院的建立是在母体高校的支持下完成的，起点远高于民办高等教育，与大多依靠合并中等职业学校而建立起来的高等职业教育更是无法比较。特别是在教研能力、教学设施、办学经验、学生培养等方面差距更大，一旦放在同一平台进行平等竞争，除去母体高校的隐性作用外，独立学院仍然占有明显优势。所以，独立学院的办学与发展定位不应是针对我国现有教育体系中某一形式发起的优势冲击，而是应该考虑独立学院凭借自身优势所能承载的责任。目前我国高等教育序列中，公办高等学校大都追求研究型大学发展方向或全科综合型大学发展方向，这样的追求目标就造成了专门学科大学和教学型大学的空白点。独立学院依托母体高校的教研与教学保障，完全有能力建立这样的大学。这些专门大学和教学型大学可以根据各省的实际情况及未来发展需求大量培养本土人才，从而以地区发展带动高等教育，以本土人才反哺地方经济。

最后就是独立学院的属性定位问题。1997 年中国正式签署了联合国《经济、社会和文化权利国际公约》，并于 2001 年九届全国人大常委会第二十次会议作出了批准此公约的决定。公约中规定：“高等教育应根据成

---

① 鄢烈州、李晓波、曹艳峰：《政府调控和市场竞争影响下的独立学院未来走向》，载《湖北社会科学》2009 年第 11 期。

绩，以一切适当方法，对一切人平等开放，特别要逐渐做到免费。”① 而独立学院的学生是采取自付培养经费，且独立学院是可以获得合理回报的办学机构。这里同时涉及了教育公平与培养费用的投入双重问题。只有解决独立学院的属性定位，才能考虑解决以上两个问题，否则仅解决单一问题将增加另一问题的严重程度。

独立学院这一办学形式的出现早于国家政策的出台，教育部《独立学院设置与管理办法》公布前的十年全国建立的独立学院已超过 300 家，如此庞大的群体缺失了法规的约束必然会造成纷杂的局面。各地独立学院的设立与发展明显带有地方特色，从作用到发展情况，从定位到规模体制，这些都或多或少地受到了本土文化和环境的影响。解决独立学院的走向问题就要正视这些影响因素的存在，以办学性质进行区分，以办学作用进行区分，以办学地域进行区分，分类解决发展问题。

独立学院无论采取何种合作形式进行办学，都会在办学的过程中获得部分合理回报，这部分回报对于母体高校本身发展建设、科研投入、设备更新以及师资待遇的提高等方面都具有重要作用。特别是高校自主投入建立的独立学院，对于母体高校办学过程中的资金补充更是意义重大。这部分独立学院在教学上严重依赖母体高校，多年的管理积累及管理习惯已经彻底融入母体高校，如果与母体分离，对于双方都是利益上的损害，不少省份的独立学院正是因为这样的原因而迟迟不能实现转型。以湖南省为例，全省共有 15 所独立学院目前暂未实施转设。其核心原因在于，母体高校在独立学院创办过程中投入了大量的土地、校舍、设施、师资，其中部分独立学院存在与母体高校共用资源的情况。庞大的生源、巨大的收入，对于母体院校的发展起到了不可替代的作用。而相较于整体出售，首先是国有资产无法出让，单一的品牌出让及生源出让收益有限，这就形成了维系发展现状的想法。2019 年，湖南省独立学院收费标准上调至每生每年 18000 元。部分独立学院将招生指标数转至母体高校，逐渐缩小了自身

① 《经济、社会和文化权利国际公约》(2001 年)，第三部分十三条第二款三项。

办学规模。因此，这类独立学院在政策临近后可以考虑回归母体高校，建立全新的高等学校二级学院体系。

回归母体高校成为二级学院，同时还要继续肩负提供办学经费补充的职能，这就涉及了原本在20世纪90年代末我国终止的捐资助学生项目。当时许多专家提出捐资助学生缴纳高额学费，以较低分数分享优质教育资源，这在一定程度上违反了教育公平的原则。为了不再重蹈覆辙，在独立学院的转制中不妨考虑以下几种形式。

在传统的办学形式中，我国的大学下设二级学院采取的是学科分类形式，即“大学内部实行以大学科分类为基础的学院制”。[①] 这样的分类形式主要是基于大学对于学院的人才培养体系的设立及学术交流的便捷性而建立起来的。独立学院如果回归母体高校，所面临的第一个问题就是与母体高校的专业设置重复，如将原有独立学院的各专业并入母体高校相应学院和系部，等于完全解散了独立学院，另外也丧失了原本考虑的办学经费补充的功能。要保证独立学院的完整意义上的“回归”，在这里我们不妨借鉴一下英国剑桥大学和牛津大学的“住宿学院”（Resadential College）制度。“这种制度是中世纪发展起来的。各学院之间基本独立，教师和学生的隶属单位是学院而不是大学，学院并不按照学科专业划分，所以一所学院中的教授来自各个专业领域。”[②] 这样的分类形式可以促进大学所属各学院之间的内部竞争，营造更加浓厚的学术研讨气氛。另外，各学院可以根据自己的实际情况制订培养计划和选择生源。回归后的独立学院完全可以依托自身独立办学的经验制订全新的培养计划，同时也可收取符合本学院条件学生的学费。学生可以自主选择就读大学中培养方向及收费标准不同的学院。

第二种形式是回归母体高校后依托本学院设置专业开展国际间联合办学，突破原有培养模式，定位全球化人才培养战略。以二级学院的形式将

① 戚业国：《论大学学院制度的形成、发展与改革》，载《高等教育研究》1996年第5期。
② 钱一颖：《大学学科布局思考》，载《清华大学教育研究》2003年第6期。

学院所属专业进行外部对接，“借鉴参考发达国家的先进经验，并且在高校内部设立一个自我评估体系。根据市场需求，不断调整，推动中外合作办学与国际接轨，拓展与国际交流合作的平台。”① 回归后的独立学院可以通过国外联合办学的形式维持教学经费的补充，同时满足教育需求。

最后一种形式是参考我国研究生招生机制，设置一定比例的免费培养指标，通过公平的考试形式择优选拔免费生，对丁其他符合标准的学生收取培养费。同时也可在此种制度下仿照美国的高等教育的形式，所有学生入学后的学费标准依据所学专业制定，学生均须缴纳培养经费。对于优秀学生和困难学生提供多种形式的奖学金、助学金、学业贷款和代缴制度。学生可以根据自身实际情况，依据各项条件的要求提供资料以获取资助。例如美国的 ROCT 资助，条件就是获得资助的学生要每周参加军事训练和体能训练，同时在获得本学科良好成绩的同时选修军事史等规定课程，毕业后在美军中服役 4 年。另外如护士、教师等在美国较为稀缺的职业，都会从在校大学生中选择符合标准且愿意承诺毕业后若干年内对从事该行业的学生进行资助。这种形式既可以进行高等学校的办学资金补充，同时对于学生而言学习过程不再是缺乏实际意义的等待。学生只有通过自身的努力，才能不断地获得各种奖励金，从而完成自己的学业。对于就业的目标容易形成较为清晰的认识，能够摒弃传统的“一考定终身”概念，激励学生不断进步。

使用地方政府、事业单位、国有企业资金建立起来的独立学院，就其本身性质而言依然属于公办，因为这部分独立学院的财产属于国有财产，如果将其列入民办意味着国有财富的流失。另外这些独立学院在建立之初，对于当地高等教育引进、提高高等教育入学率、配合地方发展建设需求的作用是得到认可的。延续益地作用，提高办学层次，满足发展需求都是十分必要的。

---

① 姚军:《全球化背景下高等教育中外合作办学路径探讨》，载《江苏高教》2012 年第 3 期。

国家对于事业单位改革的探讨由来已久，2011年国家明确提出："根据职责任务、服务对象和资源配置方式等情况，将从事公益服务的事业单位细分为两类：承担义务教育、基础性科研、公共文化、公共卫生及基层的基本医疗服务等基本公益服务，不能或不宜由市场配置资源的，划入公益一类；承担高等教育、非营利医疗等公益服务，可部分由市场配置资源的，划入公益二类。"[①] 另外还有部分独立学院采用的是联合投资形式，即建设投入中有政府、高校、国企、民营资本等几种资本联合的情况出现。国内学者也曾就此问题引发讨论，较为可行的方法是以母体学校校办公司或社会组织收购原属母体学校的地面建筑物的形式，即"母体学校地面建筑物通过资产评估后交由国家国有资产交易平台进行公开交易，母体学校校办公司或社会组织进行竞标性收购后投资独立学院。这样，母体学校由此可以获得大量资金补偿，并加速改善办学条件，同时也可以顺利通过教育部26号令关于实现民办机制运行的制度安排"。[②] 或直接将独立学院现使用土地进行产权划拨等形式真正促成独立学院的独立。在实际执行中需要重点考虑的是联合投入性质独立学院的各投入方所占利润分配的比例协调问题。采取联合投入形式的这部分独立学院之所以要进行产权及利润分配比例划分，主要原因是部分使用了国有资产，这样的转制可以有效地防止国有资产流失。至于事业单位的编制等问题，这也是国家正在解决中的问题，对于高等学校的发展影响是共同的，并非个别问题或小群体问题。独立学院转为联合经营型独立学院，已有事业编制教师可以作为母体高校对于联合经营的投入，这在很大程度上可以解决师资力量问题。聘用高素质教师，留住人才，才能确保学院的稳步发展。另外，各地政府之所以愿意进行投入，与高等学校合作建立独立学院，其初衷就是要对地方经济建设和社会发展起到贡献作用。只要彻底了解最初建立这类学院的作用和目的，坚持走下去，转制后的独立学院就可以发挥出更大的益地作用。

① 《中共中央、国务院关于分类推进事业单位改革的指导意见》(2011年)。

② 周游：《独立学院产权设计的若干问题分析》，载《教育研究》2012年第12期。

对于在创办和发展中，全部使用或主要使用民营资本而延续下来的独立学院，借此改革时机可以大胆尝试加入民办高等教育行列。教育部曾发布“十二五”期间继续坚持按照“一年西部、一年中东部、一年民办”的节奏安排高等学校设置工作；独立学院转设可以不受此节奏的限制，2014年以前每年均可按照高等学校设置工作要求开展独立学院转设的审批工作。[①]这在政策上给予了现有独立学院最大的宽松。

自2008年以后，众多民营资本投入的独立学院纷纷申请转制。以黑龙江省为例，原有10所独立学院中，已有9所转制为民办高等学校。辽宁省在2007年有23所独立学院，至2013年2月仅余9所，2019年也将全部完成转制。进行转制的独立学院或单独或合并成民办高等学校，其中多所学院由原本的本科三批次录取调整为本科二批次录取，在办学层面上得以提升。

全国257余所独立学院中，民营资本投入的占了很大一部分。这些民营资本之所以没有进入民办高等教育中，主要一个原因是民办高等教育很难得到专业技术上的指导。大多数民营资本持有者，缺乏办学经验，将大量资产投入不熟悉的行业中，又缺乏专门有效的指引，很难保证投资的成功。然而，与现行高等学校合作，联合开办独立学院这一办学形式，明显风险较小。且可以充分发挥高等学校品牌作用，充分利用高等学校现有的教育教学资源，真可谓一劳永逸。经过十几年的办学积累，无论是在办学经验上还是在办学的资本上，参与独立学院办学的民营资本都在一定程度上得到了积累。转而投入民办高等教育行列中，虽然失去了母体高校的品牌保障，但是依靠多年来与高校的合作基础，在教育教学资源上依然具有较为坚实的依托。再加上多年的办学口碑，庞大的毕业生群体，丰富的合作资源，整体竞争能力依然不弱。民生教育、新高教集团、中教控股等公司在香港上市，新希望、北方投资、华立大学等在全国开展院校并购。以新高教集团为例，先后收购了湖北民族大学科技学院、兰州理工大学技术

① 《教育部关于“十二五”期间高等学校设置工作的意见》(2011 年)。

工程学院。北方投资集团更拥有八所独立学院（其中两所完成转设）。民办教育的蓬勃发展持续刺激高等教育投资，对于独立学院而言是难得的发展与转型契机。

拥有较高起点的独立学院，在转为民办高等学校后，对于我国的高等教育办学体制是一种良好的探索和补充。国外众多名校中，使用私立办学形式的不胜枚举，完善的管理体系、先进的教学理念乃至灵活的办学策略都是我们需要学习的。打造中国的民办教育品牌是几代人共同的理想，坚实地走好办学之路，培养符合社会发展的高端人才，民办高等教育也将办出辉煌。

八、结 语

独立学院发展过程中的突出特点是政策法规相对滞后，这就造成了先有模式后有规定的问题，也造就了独立学院办学形式的多样化。我国地域辽阔，各省份的经济条件、人文文化和各项需求差别较为明显，无制约条件下的自然发展一定会出现区域的差异，这种差异一旦形成就很难去用一部统一的法规去进行规范。独立学院相对于其他形式高等教育办学模式有着较为明显的特色，兼具了公办教育与民办教育的优势，同时也在自身形成了矛盾体。这就意味着不能使用“一刀切”的方法去解决问题，所有的问题都不能单一地依靠政策去全部解决，那样只会使政策本身也出现矛盾，使很多常识性的问题变得更加复杂。本文在探讨独立学院五年过渡期发展走向的过程中，明显发现了各办学形式的诉求差别，在分析政策指向的过程中，也发现了政策本身的一些未完善之处。提出了一些发展走向解决方案，希望能够对独立学院的发展产生一些启示，在具体执行过程中还要经历更为漫长的检验过程，“在战争中学习战争”可能正是此时的生动写照。无论独立学院未来如何选择自己的发展走向，这种形式本身就是我国高等教育发展的宝贵经验。坚持不变的目标，推进高等教育大众化的进程，满足人们的教育渴求，其意义必将是功在千秋！期望独立学院能够走出精彩的未来，满足千万学子对于“象牙塔”的渴求也是论文最大的研究意义所在。“无论走的多远，别忘了当初为什么出发。”希望本文能够为独立学院的发展提供些许参考。

参考文献

（一）著作类

1. 冯文广:《独立学院发展战略研究——以四川省为例》，西南财经大学出版社 2010 年版。

2. 甘德江、肖静:《独立学院之命运》，武汉出版社 2012 年版。

3. 荆光辉:《独立学院发展研究》，湖南师范大学出版社 2011 年版。

4. 阙海宝:《独立学院运行与决策分析》，西南财经大学出版社 2011 年版。

5. 徐绪卿:《新时期中国民办高等教育发展研究》，浙江大学出版社 2005 年版。

6. 许安标、刘松山:《〈中华人民共和国民办教育促进法〉释义及实用指南》，中国民主法制出版社 2003 年版。

7. 袁征:《中国教育问题的哲学思考》，海天出版社 2009 年版。

8. 鄢烈州、李晓波、曹艳峰:《我国独立学院治理研究》，武汉出版社 2009 年版。

（二）期刊类

1. 何煦:《独立学院向高等职业教育转型的三个视角》，载《教育学术月刊》2012 年第 1 期。

2. 刘凤泰:《从专项检查看独立学院的生成与发展》，载《中国高等教育》2005 年第 17 期。

3. 戚业国:《论大学学院制度的形成、发展与改革》，载《高等教育研究》1996 年第 5 期。

4. 钱颖一:《大学学科布局思考》，载《清华大学教育研究》2003 年第 6 期。

5. 季诚钧、何菊芳、方文彬:《独立学院办学现状、困境与对策思考》，载《教育发展研究》2009 年第 22 期。

6. 吴霓、李艳艳:《关于独立学院研究的分析》，载《大学（学术版）》2012 年第

8 期。

7. 王宁:《美国私立大学董事会制度的历史演变》,载《江苏高教》2009 年第 2 期。

8. 鄢烈州、李晓波、曹艳峰:《政府调控和市场竞争影响下的独立学院未来走向》,载《湖北社会科学》2009 年第 11 期。

9. 杨德广:《独立学院的发展模式及未来走向》,载《教育发展研究》2010 年第 2 期。

10. 杨卫东:《独立学院的思考——〈独立学院之命运〉代序》,载《江汉大学学报(社会科学版)》2012 年第 4 期。

11. 姚军:《全球化背景下高等教育中外合作办学路径探讨》,载《江苏高教》2012 年第 3 期。

12. 周济:《促进高校独立学院持续健康快速发展》,载《教育发展研究》2003 年第 8 期。

13. 周游:《独立学院产权设计的若干问题分析》,载《教育研究》2012 年第 12 期。

(三)电子、报刊类

独立学院名单(截至 2012 年 3 月 29 日),教育部网站,http://www.moe.gov.cn/,2012 年 9 月 14 日公布。

(四)政策法规类

1.《中华人民共和国宪法》

2.《中华人民共和国高等教育法》

3.《中华人民共和国民办教育促进法》

4.《经济、社会和文化权利国际公约》

5.《中国教育改革和发展纲要》

6.《社会力量办学条例》

7.《独立学院设置与管理办法》

8.《教育部关于"十二五"期间高等学校设置工作的意见》

9.《关于规范并加强普通高校以新的机制和模式试办独立学院管理的若干意见》

10.《中共中央、国务院关于分类推进事业单位改革的指导意见》

(五)外文类

Kulandaiswamy. *the Problems with the Current Higher Education Systemn in India*[N]*The Hindu* 2005-5-18

·现状篇·

全国民办教育发展现状与政策进展

李楠*

摘要： 进入“十三五”以来，我国政策环境的优化为民办教育的加快发展与规范提供了机会和保障。2016年，我国民办教育的总体规模持续扩大，各级各类民办学校的办学条件逐渐改善。2016年11月7日新修订《中华人民共和国民办教育促进法》，进一步明确了民办教育实行分类管理的制度，为促进我国教育多元化格局的完善提供了重要政策保障。

关键词：民办教育　发展现状　政策进展

伴随新修订《中华人民共和国民办教育促进法》的颁布与实施，支持和促进民办教育发展的政策环境得到明显改善，全国民办教育进入快速发展的新阶段，各级各类民办教育呈现出良好的发展态势。

一、全国民办教育的发展现状

（一）全国民办教育总体发展概况

1. 民办教育的总规模持续扩大

在国家支持和规范民办教育发展政策的影响下，我国各级各类民办教育事业发展迅速，办学环境逐渐优化，民办教育总规模持续增长。与“十二五”时期相比，进入2016年以来，民办教育的总规模继续扩大，不

* 李楠，女，中国教育科学研究院教育发展与改革研究所助理研究员。

仅学校数、招生数、在校生数均呈不同程度增长（见图 1 和图 2），各级民办教育在校生占所在学段在校生的比例也逐渐提高（见图 3）。2016 年，全国共有各级各类民办学校（教育机构）17.10 万所，比上年增加 5.07%；招生数 1640.28 万人，比上年增加 3.37 万人；在校生数达 4825.47 万人，比上年增加 5.9%。另外，还有其他民办培训机构 1.95 万所，846.8 万人次接受了培训，民办培训机构数与上年基本持平，接受培训人次有所减少。

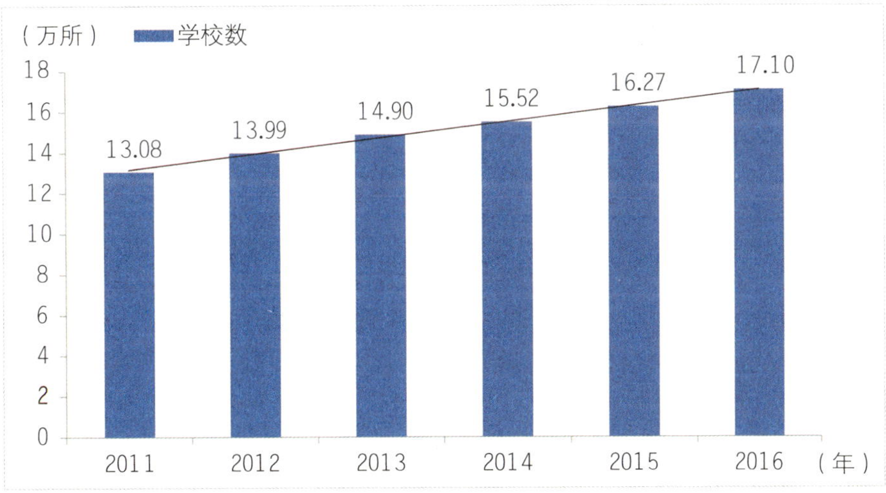

图 1　2011—2016 年民办学校数

注：以上数据包含民办幼儿园、中小学、中等职业学校、高等教育，不含民办培训机构。

资料来源：2016 年全国教育事业发展统计公报，教育部网站，http://www.moe.edu.cn/jyb_sjzl/sjzl_fztjgb/201707/t20170710_309042.html.

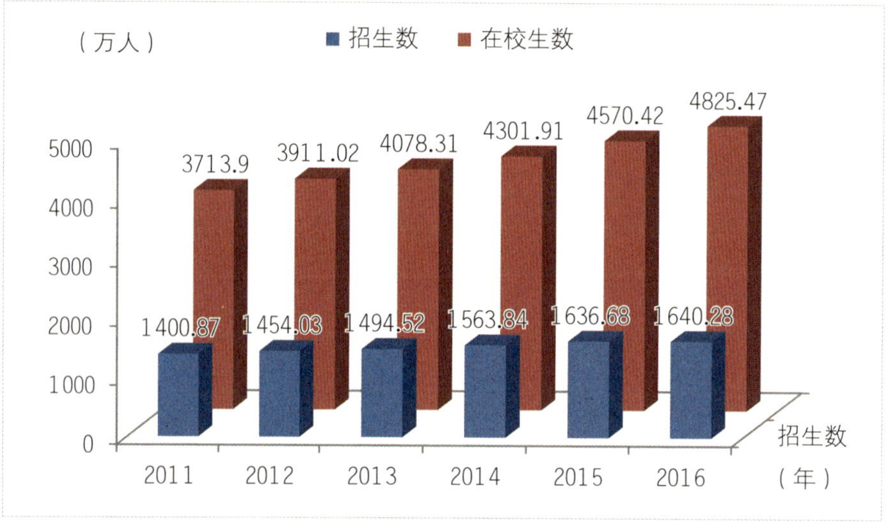

图 2　2011—2016 年民办学校招生数和在校生数

注：以上数据包含民办幼儿园、中小学、中等职业学校、高等教育，不含民办培训机构。

资料来源：2016 年全国教育事业发展统计公报，教育部网站，http://www.moe.edu.cn/jyb_sjzl/sjzl_fztjgb/201707/t20170710_309042.html.

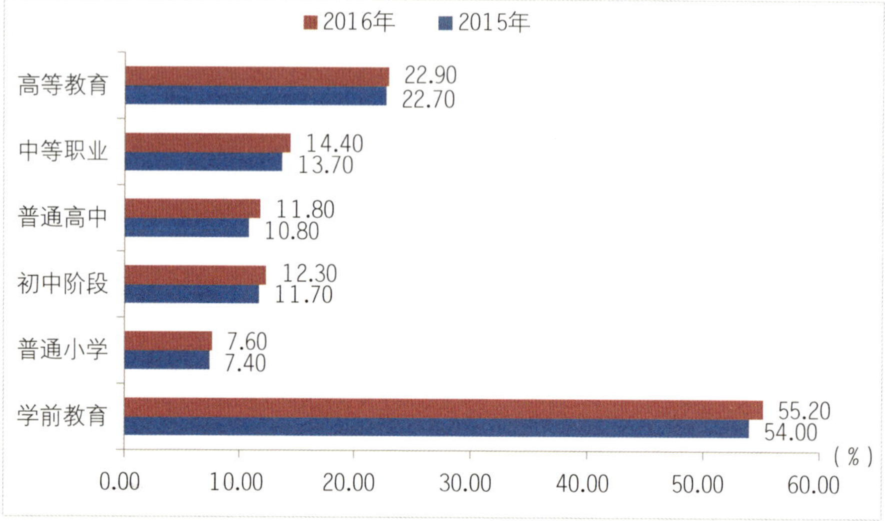

图 3　2015—2016 年各级民办教育在校生占各级教育在校生的比例

资料来源：教育部发展规划司：2016 年全国教育事业简明统计分析（内部资料）。

2. 民办在园幼儿占各级各类民办教育在校生总数的比例超五成

在各级民办教育的在校生中，民办学前教育占有相当比例的份额，2016 年民办幼儿园的在园幼儿占民办教育在校生总规模的比例达到 50.52%，比上年提高 1.11 个百分点，已突破五成。其次是民办义务教育占 26.71%；民办高等教育占 13.14%；民办普通高中所占份额为 5.78%；而民办中等职业教育所占比例最低，仅为 3.82%，见图 4。

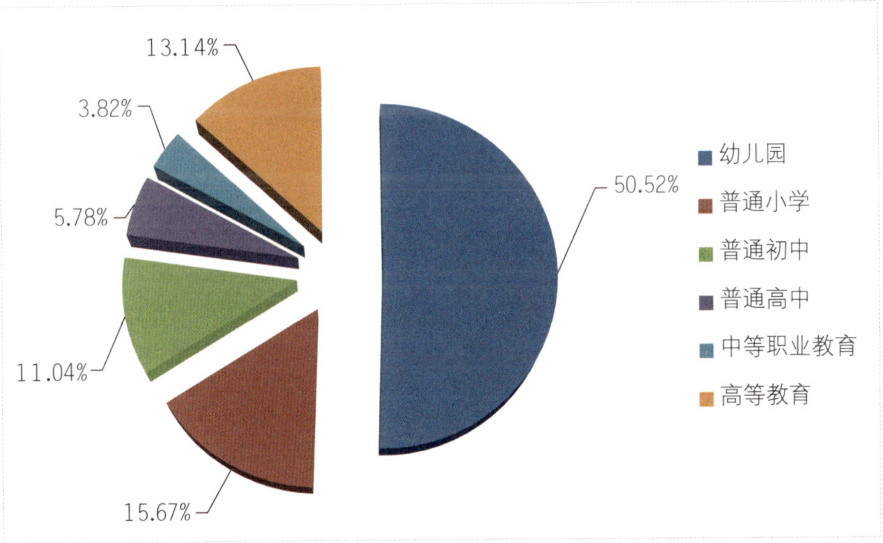

图 4　2016 年各级民办教育在校生的构成比例

资料来源：教育部发展规划司：2016 年全国教育事业简明统计分析（内部资料）。

3. 各级各类民办教育在校生数均呈增长趋势，其中尤以普通高中增长最快

2016 年，各级各类民办教育的在校生数均呈不同程度增长。其中，我国民办中等职业教育扭转了上年在校生有所减少的趋势，2016 年民办中等职业教育在校生达到 184.14 万人，年增长率达到 0.42%。在各级各类民办教育中，民办普通高中的增长最快，在校生数达到 279.08 万人，比上年增长 8.61%；民办幼儿园、民办小学、民办初中在校生的年增长率依次为 5.87%、5.96%、5.94%；民办高等教育的在校生比上年增长 3.79%（见图 5）。

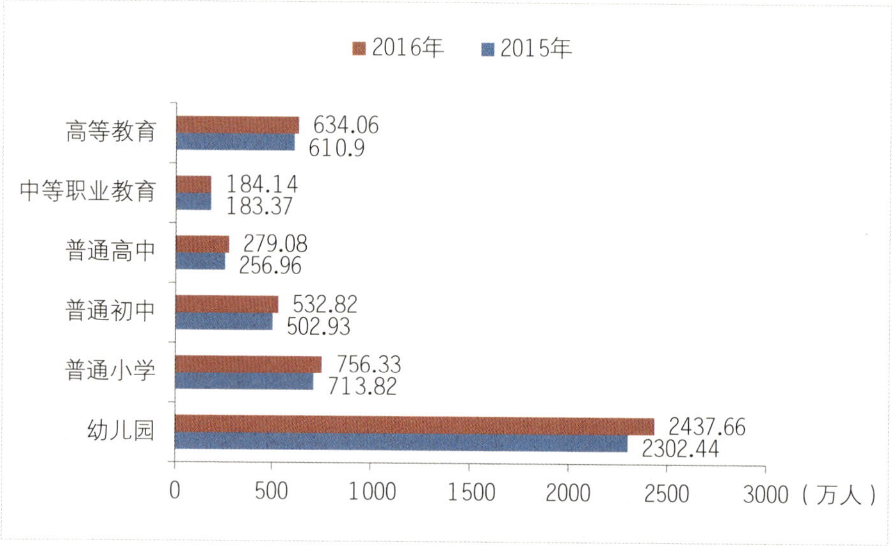

图 5 2015—2016 年各级民办教育在校生数变化情况

资料来源：教育部发展规划司：2016 年全国教育事业简明统计分析（内部资料）。

（二）全国民办学前教育的发展概况

继国家从 2011 年启动实施"学前教育三年行动计划"之后，又于 2014—2016 年实施了第二期学前教育三年行动计划，并着力通过多种途径和方式扶持普惠性民办幼儿园。在这样的背景下，民办学前教育迅速发展，无论是总体规模还是相对比例均继续保持快速增长。

1. 民办学前教育规模继续扩大

2016 年，民办学前教育规模继续扩大，全国民办幼儿园已达到 15.42 万所，比上年增加 7827 所，增长率为 5.33%；在园幼儿为 2437.66 万人，比上年增加 135.22 万人，年增长率为 5.87%（见图 6）。①

① 《2016 年全国教育事业发展统计公报》，教育部网站，http://www.moe.edu.cn/jyb_sjzl/sjzl_fztjgb/201707/t20170710_309042.html.

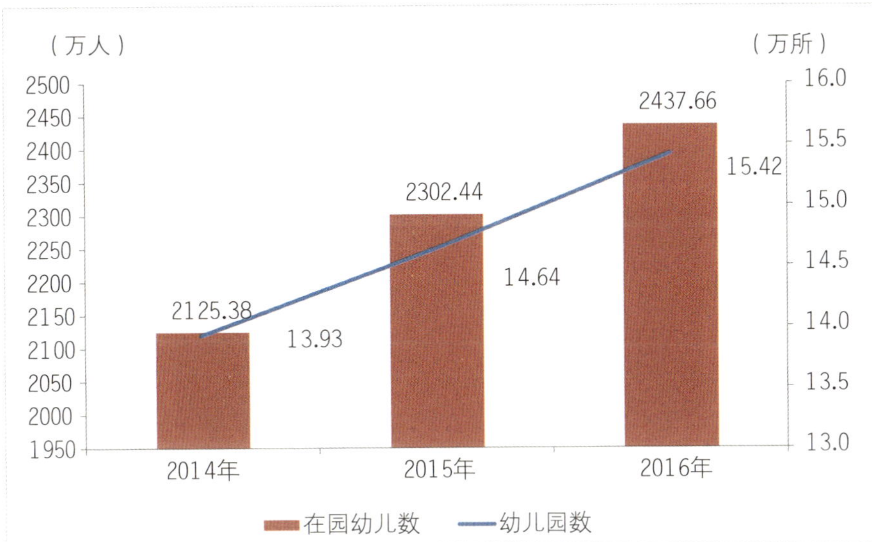

图 6　2014—2016 年民办幼儿园与在园幼儿的数量变化

资料来源：2014 年、2015 年、2016 年全国教育事业发展统计公报，教育部网站，http://www.moe.edu.cn/jyb_sjzl/sjzl_fztjgb/201707/t20170710_309042.html.

2. 农村民办学前教育在园幼儿的增幅有所下降

2016 年，全国民办学前教育城乡分布情况总体与上年基本保持一致，农村民办在园幼儿的总规模略高于城市，但占在园幼儿总数的比例却远低于城市。2016 年城市民办学前教育在园幼儿为 1023.55 万人，增幅为 8.50%，比上年增幅增加 1.04 个百分点。而相比之下，农村民办学前教育在园幼儿为 1414.11 万人，增长率仅为 4.05%，比上年减少 4.89 个百分点（见图 7）。

就城乡民办学前在园幼儿所占比例而言，2016 年农村与城市的这一比例均平稳提升，农村仍与城市存在较大差距。2016 年城市民办在园幼儿占城市在园幼儿总数的比例为 64.33%，比上年提高 1.01 个百分点，而农村民办在园幼儿占农村在园幼儿总数的比例仅为 50.10%，比上年提高 1.13 个百分点（见图 8）。

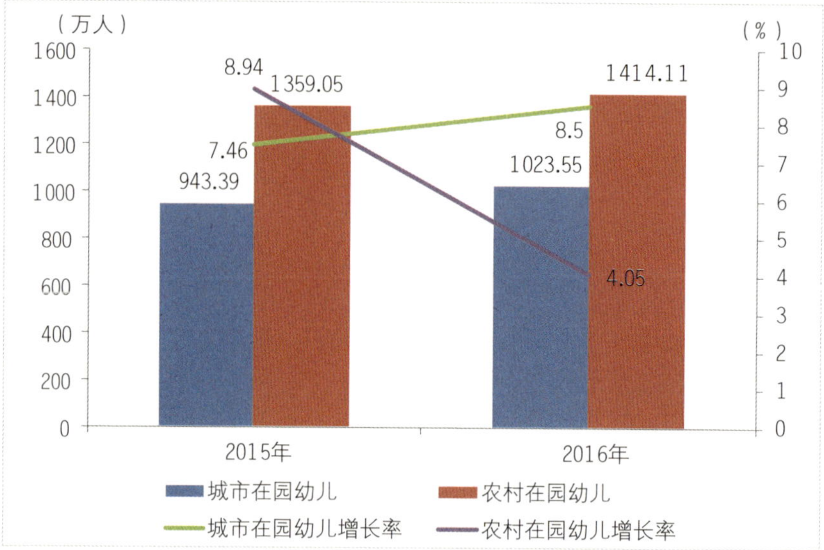

图 7　2015—2016 年民办城乡学前教育在幼儿园变化情况

资料来源：教育部发展规划司：2015 年、2016 年全国教育事业简明统计分析（内部资料）。

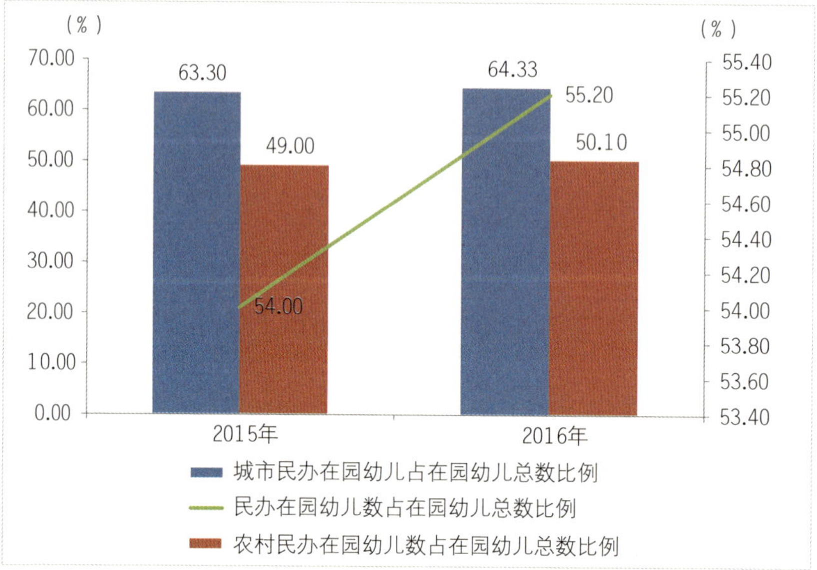

图 8　2015—2016 年民办学前教育在园幼儿所占比例城乡分布情况

资料来源：教育部发展规划司：2015 年、2016 年全国教育事业简明统计分析（内部资料）。

3. 西部地区民办学前教育规模与中东部地区仍存在较大差距

2016 年，我国西部地区民办在园幼儿规模为 659.84 万人，比上年增长 6.40%，尽管西部地区的增长率高于东部和中部地区，但总体规模远远落后于中东部地区。东部和中部地区民办在园幼儿规模分别为 906.29 万人、871.53 万人，增长率分别为 6.1%、5.25%。就分区域民办在园幼儿占在园幼儿总数的比例来看，2016 年中部地区这一比例仍保持较高水平，达到 64.39%，比上年增加 1.80 个百分点，而中部和西部地区的这一比例基本持平。其中，西部地区民办在园幼儿占在园幼儿总数的比例增幅最小，仅比上年增加 0.3 个百分点（见图 9）。

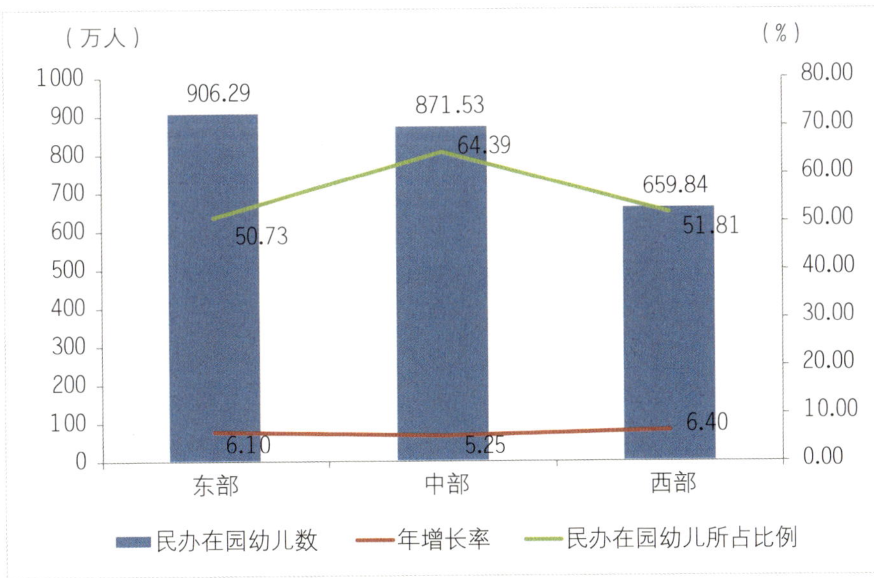

图 9　2016 年分区域民办在园幼儿规模、增长率及民办在园幼儿所占比例

资料来源：教育部发展规划司：2016 年全国教育事业简明统计分析（内部资料）。

（三）全国民办中小学教育的发展概况

2016 年，我国民办义务教育的总体规模继续呈稳定增长趋势，民办普通高中的学校数和在校生规模均出现较大幅度增长。其中，民办普通小学的学校数和在校生数分别比上年增长 1.98%、5.96%；民办普通初中的学校数和在校生数分别比上年增长 4.29%、5.94%。

1. 民办义务教育规模稳定增长，民办普通高中规模迅速扩大

2016 年，全国民办义务教育的规模保持稳定增长。其中，民办小学、民办初中的学校数为 5975 所、5085 所，分别比上年增加 116 所、209 所；民办小学、民办初中在校生规模分别为 756.33 万人、532.82 万人，分别比上年增加 42.51 万人、29.89 万人。相比之下，2016 年全国民办普通高中的总体规模出现较大幅度增长，民办普通高中学校数为 2787 所，比上年增长 7.81%；民办普通高中在校生为 279.08 万人，比上年增长 8.61%（见图 10）。

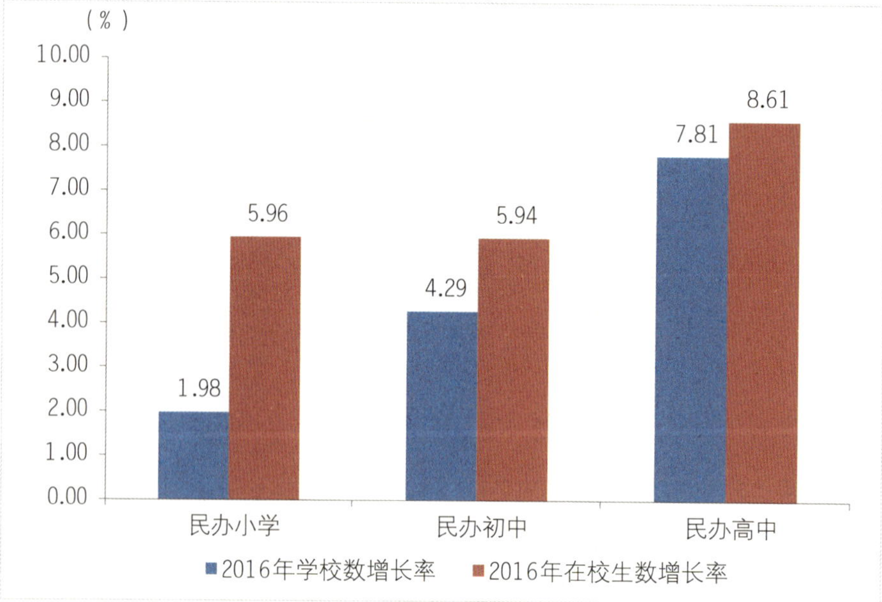

图 10 2016 年民办中小学的学校数、在校生数增长率

资料来源：教育部发展规划司：2015 年、2016 年全国教育事业简明统计分析（内部资料）。

2016 年，全国民办中小学各学段在校生占在校生总数的比例均比上年有所提升，其中尤以普通高中增长最多，民办普通高中在校生所占比例达到 11.79%，比上年增加 0.79 个百分点。民办普通小学、初中在校生比例为 7.63%、12.31%, 分别比上年增加 0.27 个、0.65 个百分点。

2. 中部地区民办小学在校生规模快速增长，西部地区民办义务教育规模增长趋缓

2016 年，民办义务教育在校生规模的总体区域分布情况保持不变，西部地区仍落后于东部和中部地区。就不同区域的增长率来看，中部地区民办小学在校生规模呈现快速增长，为 238.55 万人，比上年增长 8.08%，已赶超东部地区（增长率为 5.61%）。而西部地区民办小学、民办初中在校生规模的增长率分别为 2.32%、4.61%，均不及东部和中部地区（见图 11）。

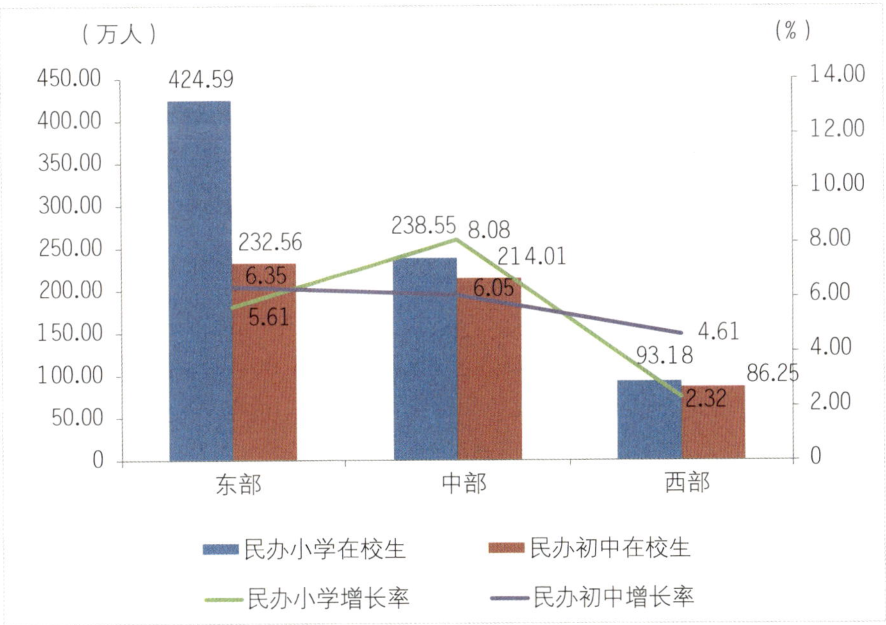

图 11　2016 年分区域民办义务教育在校生规模及增长率

资料来源：教育部发展规划司：2015 年、2016 年全国教育事业简明统计分析（内部资料）。

（四）全国民办中等职业教育的发展概况

尽管近年来全国民办中等职业教育整体规模呈下降趋势，2016 年全国民办中等职业教育在校生规模开始出现小幅增长。分区域来看，2016 年中部民办中职在校生所占比例增长最多，而西部地区仍有小幅下降。然而，民办中等职业教育的软硬件条件却逐渐改善，民办中职学校教师的数量及

质量均呈不断提高趋势。

1. 民办中等职业教育在校生规模出现增长趋势

2016 年全国民办中等职业教育在校生规模达到 184.14 万人，开始出现小幅增长，比上年增加 0.42%，而民办中等职业学校数为 2115 所，比上年减少 110 所，降幅达 4.95%。

2. 民办中等职业教育在校生所占比例有所提升，中部民办中职在校生所占比例增长最快

近几年，全国民办中等职业学校在校生占全国中职在校生总数的比例持续下降。2016 年，这一比例达到 14.43%，且开始呈增长趋势，比上年增加 0.70 个百分点。分区域看，东部地区民办中职在校生所占比例仍保持最低，为 11.28%，比上年增长 0.74 个百分点；中部、西部地区的比例均高于全国水平，其中西部地区比上年减少 0.33 个百分点，比例为 16.14%，中部地区增长最快，比上年增长 1.79 个百分点，比例为 16.56%（见图 12）。

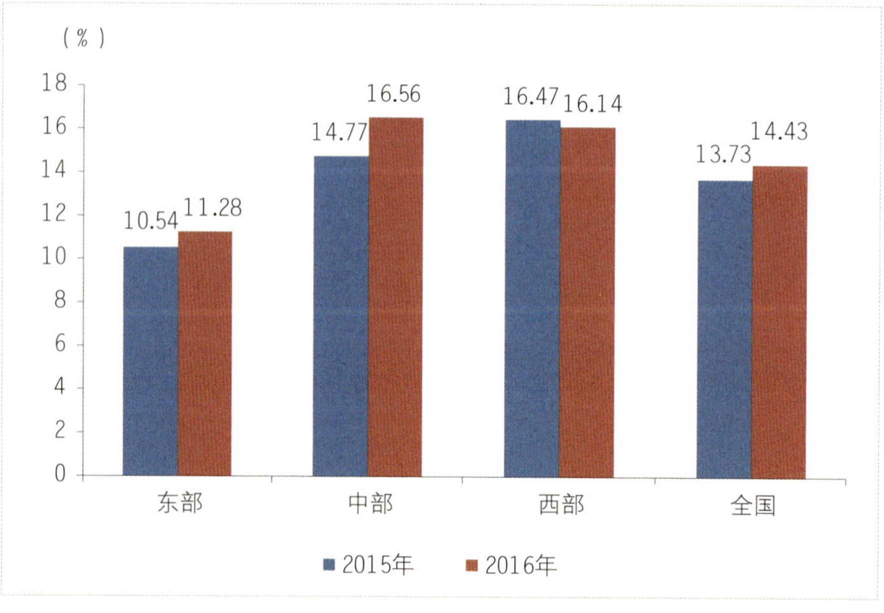

图 12　2015—2016 年分区域民办中等职业教育在校生所占比例

资料来源：教育部发展规划司：2015 年、2016 年全国教育事业简明统计分析（内部资料）。

3. 民办中职学校的办学条件有所改善

与2012年相比，2016年全国民办中职学校的硬件条件有所改善，但与上年相比部分指标出现小幅减少趋势。2016年民办中职学校的生均校舍建筑面积和生均教学辅助及行政用房面积比2012年分别增加2.6平方米、1平方米，生均图书比2012年增加1.8册，每百名学生拥有教学用计算机数、网络信息点数分别比2012年增加0.4台和0.6个（见表1）。就生均教学仪器设备的经费来看，2012—2016年总体呈增长趋势，在2014年出现高峰值5694元，之后有所回落，2016年为3971元（见图13）。

表1 2012年、2015年、2016年民办中职学校办学条件变化情况

办学条件	2012年	2015年	2016年	2016年比2012年增减
生均校舍建筑面积（平方米）	16.8	19.4	19.4	2.6
生均教学辅助及行政用房面积（平方米）	8.7	9.8	9.7	1.0
生均教学仪器设备经费（元）	3009	4055	3971	962
生均图书（册）	21.6	24.3	23.4	1.8
每百名学生拥有教学用计算机（台）	19.0	20.5	19.4	0.4
每百名学生拥有网络信息点（个）	6.4	7.5	7.0	0.6

资料来源：教育部发展规划司：2016年全国教育事业简明统计分析（内部资料）。

图 13　2012—2016 年民办中职学校生均仪器设备经费变化情况

资料来源：教育部发展规划司：2012—2016 年全国教育事业简明统计分析（内部资料）。

4. 民办中职学校的教师队伍状况明显提升

在教师队伍建设方面，民办中职学校教师数量及质量均有所提高。2012—2016 年，民办中职学校生师比总体呈下降趋势，2016 年生师比为 25.90，出现小幅增长。中职学校亟须的双师型教师占专任教师总数的比例于 2015 年出现较大幅度增长，2016 年这一比例持续增长，达到 23%（见图 14）。

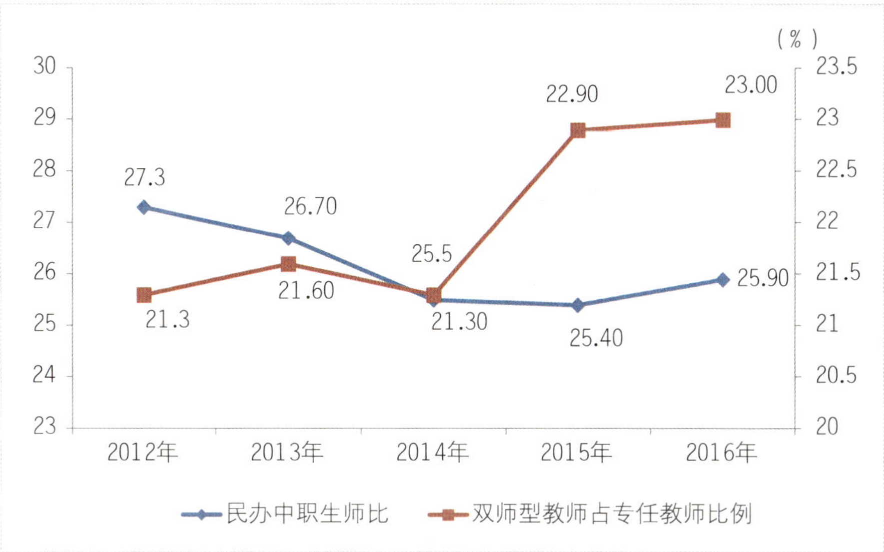

图 14　2012—2016 年民办中职学校生师比及双师型教师所占比例

资料来源：教育部发展规划司：2012—2016 年全国教育事业简明统计分析（内部资料）。

（五）全国民办高等教育的发展概况

2016 年，民办高等教育招生规模与在校生规模均呈增长态势，其中民办本科的招生规模增长率明显高于民办专科，民办高等教育在校生所占比例小幅提升，民办普通高校总体的教师配备水平继续稳步提升。2016 年，全国民办高校总数达到 742 所，比上年增加 10 所，其中含独立学院 266 所。

1. 民办高等教育招生和在校生规模继续增长，民办本科招生规模和民办专科在校生规模快速增长

2016 年，全国民办高等教育（包括普通及成人本专科）的招生规模为 181.79 万人，比上年增长 2.16%；民办高等教育在校生为 633.98 万人，比上年增长 3.79%。其中，2016 年民办本科的招生数为 100.90 万人，比上年增长 4.45%，而民办专科的招生规模出现小幅减少，比上年少招生 0.49%；民办本科的在校生数为 391.50 万人，比上年增长 2.14%，民办专科的在校生比上年增长 6.59%（见图 15）。

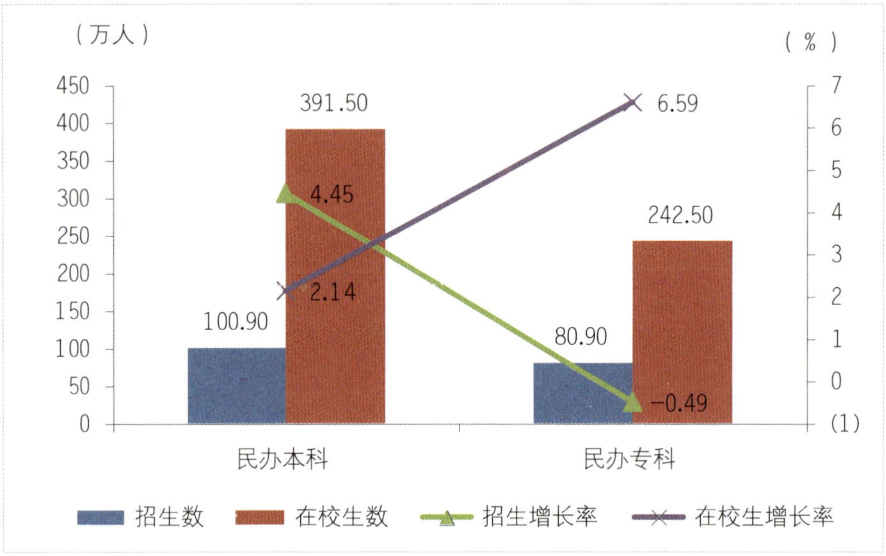

图 15　2016 年民办高等教育招生规模和在校生规模及其增长率

资料来源：教育部发展规划司：2016 年全国教育事业简明统计分析（内部资料）。

2. 民办高等教育在校生和招生数所占比例趋于稳定

2012—2016 年，全国民办普通本专科招生数所占比例以及民办普通本专科在校生数所占比例总体上均呈上升趋势，2016 年趋于稳定。2016 年，民办普通本专科招生数占普通本专科招生总数的 23.2%，比上年减少 0.1 个百分点；民办普通本专科在校生数占普通本专科在校生总数的 22.9%，比上年提高 0.2 个百分点（见图 16）。

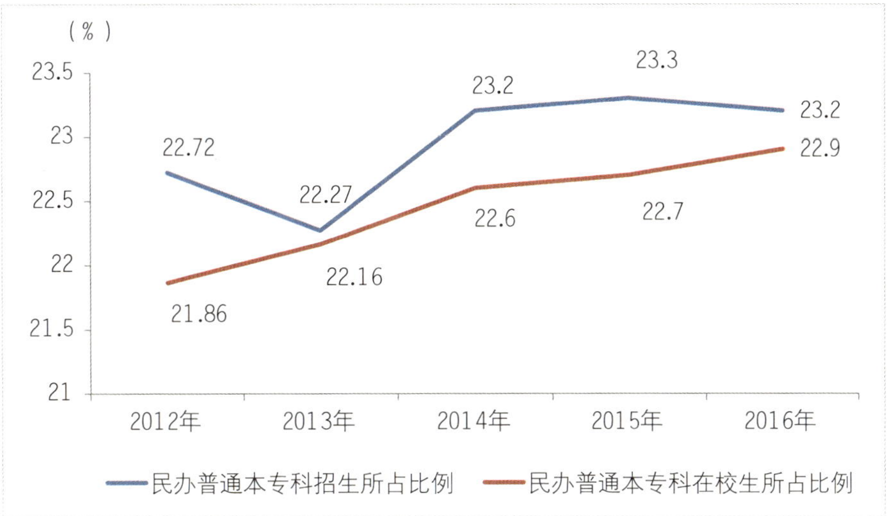

图 16 2012—2016 年民办高等教育招生及在校生所占比例

资料来源：教育部发展规划司：2012—2016 年全国教育事业简明统计分析（内部资料）。

3. 东部地区民办高等教育总体规模较大，西部地区民办高等教育增长较快

分区域来看，2016 年东部地区民办高等教育的总规模仍保持绝对优势，无论是招生规模还是在校生规模均超过中西部地区。2016 年，东部地区民办高等教育的招生规模和在校生规模分别为 82.87 万人、291.12 万人，比上年分别增长 2.49%、3.06%。就增长情况来看，西部地区民办高等教育的在校生出现较大幅度增长，达到 153.72 万人，比上年增长 5.84%，增长率远远超过全国的总体情况（见图 17）。

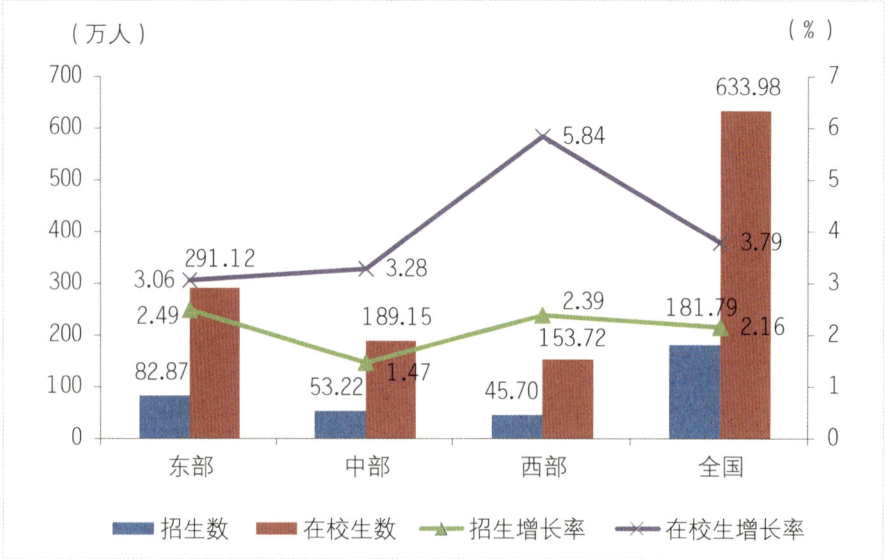

图 17 2016 年分区域民办高等教育招生与在校生规模及其增长率

资料来源：教育部发展规划司：2016 年全国教育事业简明统计分析（内部资料）。

4. 民办普通高校教师配置水平继续提升，民办本科学校的改善情况好于专科

2016 年，民办普通高校高学历专任教师所占比例继续上升，民办本科学校专任教师配置水平改善情况好于民办专科学校。民办普通高校具有研究生学位的专任教师所占比例为 60.70%，比上年增加 0.70 个百分点。其中，民办本科学校具有研究生学位专任教师的比例为 68.80%，明显高于专科的 37.70%，分别比上年增加 1.30 个和 0.60 个百分点；具有博士学位的专任教师所占比例为 8.10%，比上年提高 0.20 个百分点。其中，民办本科学校具有博士学位专任教师的比例比上年增加 0.40 个百分点，而民办专科学校的这一比例略有下降，比上年下降 0.03 个百分点。关于“双师型”教师占专任教师比例，2016 年民办普通高校的这一比例为 16.90%，比上年增加 1.30 个百分点，其中民办专科仍比民办本科具有较大优势，达到 28.90%，明显高于民办本科的 12.60%（见图 18）。

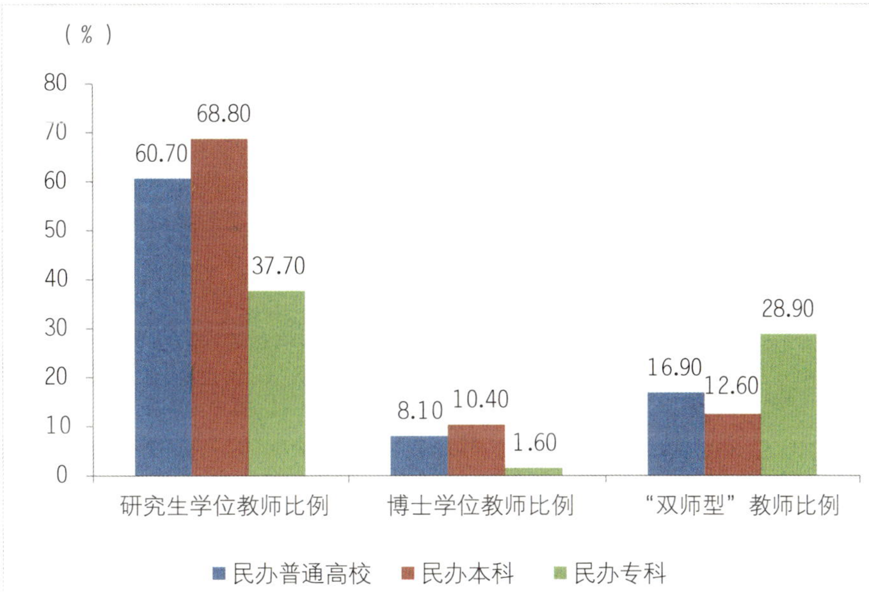

图 18　2016 年民办普通高校专任教师配备水平

资料来源：教育部发展规划司：2016 年全国教育事业简明统计分析（内部资料）。

二、全国民办教育政策的新进展

2016 年是我国民办教育蓬勃发展进程中具有特殊意义的一年，这一年出台了民办教育的一系列配套政策，为支持和规范民办教育提供了更加完善的法治与政策环境。2016 年 11 月，历经三次审议，最终通过了全国人民代表大会常务委员会《关于修改〈中华人民共和国民办教育促进法〉的决定》，于 2017 年 9 月 1 日起正式实施。新民办教育促进法的修订，进一步明确了实施营利性和非营利性分类管理的原则，并相继出台了《关于鼓励社会力量兴办教育促进民办教育健康发展的若干意见》（以下简称“国务院三十条”）这一全局性的指导文件以及《民办学校分类登记实施细则》《营利性民办学校监督管理实施细则》等分类管理的配套文件，不仅为促进新时代民办教育快速发展指明了方向，还明确了可操作性的实施细则。

2017 年 1 月，国务院印发《国家教育事业发展“十三五”规划》，专门针对民办教育进行规划和部署，提出促进和规范民办教育发展的若干举措，如完善民办教育分类管理的政策体系，鼓励和规范社会力量提供教育服务，促进民办与公办学校深度合作等。党的十九大报告进一步明确了“支持和规范社会力量兴办教育”的总体思路，同时党的十九届三中全会进一步强调，在基本公共教育服务体系的构建中提供主体的多元化以及提供方式的多样性。

（一）建立民办教育工作部际联席会议制度，完善工作机制

为进一步落实“国务院三十条”中关于支持和规范民办教育发展的重点任务，国家明确了中央有关部门的任务与责任分工，将重点任务逐一分解，专门印发了《中央有关部门贯彻实施〈国务院关于鼓励社会力量兴办教育促进民办教育健康发展的若干意见〉任务分工方案》。

2017 年 8 月 5 日，国家明确建立了民办教育工作部际联席会议制度，统筹协调推进民办教育改革发展相关工作。这一制度是在国务院领导下，由教育部牵头，中央编办、发展改革委、公安部、民政部、财政部、人力资源社会保障部、国土资源部、住房城乡建设部、人民银行、税务总局、工商总局、银监会、证监会等部门参与。联席会议每年召开一次例会，重点任务是落实国家鼓励扶持民办教育发展的政策措施，协调解决重点难点问题。[①] 这一工作机制的建立健全，对加强各部门间的沟通与协作、加快规范民办教育的发展起到重要作用。

（二）规范营利性民办学校名称登记管理

为推进新修订《民办教育促进法》的顺利实施，适应民办学校分类管理的新形势，2017 年 8 月 31 日，国家工商总局、教育部联合印发了《关于营利性民办学校名称登记管理有关工作的通知》，对营利性民办学校的命名规则和名称核准流程进行规范。该文件专门针对营利性民办学校的命名提出了几点基本原则：一是符合公司登记管理和教育相关法律法规

---

① 《国务院办公厅关于同意建立民办教育工作部际联席会议制度的函》，教育部网站，http://www.moe.edu.cn/jyb_xxgk/moe_1777/moe_1778/201708/t20170817_311309.html.

定；二是符合学校的办学所在地、类型、层次要求；三是符合教育规律和儿童身心发展规律，不得含有片面强调办学特色等误导家长或者引发歧义的内容和文字。①

（三）研究制定《民办教育促进法实施条例（修订草案）》，加快促进民办教育健康发展

为深入贯彻和落实新修订的《民办教育促进法》以及“国务院三十条”，为解决新时代民办教育领域出现的新问题，特别是应对民办教育分类管理背景下的新情况，教育部启动了《中华人民共和国民办教育促进法实施条例》（以下简称《实施条例》）的修订工作，在广泛调研与征求意见的基础上，于2018年4月20日公布了《中华人民共和国民办教育促进法实施条例（修订草案）（征求意见稿）》。2018年8月10日，司法部又公布了由教育部研究起草的《中华人民共和国民办教育促进法实施条例（修订草案）（送审稿）》，面向公众公开征求意见。这一修订草案对2004年颁布实施的《民办教育促进法实施条例》作出了诸多重要调整，主要体现在以下十个方面内容：加强民办学校党的建设、明确支持措施、完善民办学校设立与审批制度、规范民办学校内部治理和办学行为、保障民办学校办学自主权、规范集团化办学行为、规范教育培训机构、维护举办者合法权益、强化教师权益保障、健全监督管理机制等。②

此次修订不仅增加了对民办学校的基本扶持举措，如税收优惠和公共服务价格优惠、用地优惠、分担教职工社会保障资金等，同时还规定了政府补贴生均经费、划拨供应土地等优惠政策只适用于非营利性学校，明确了向非营利性民办学校进一步倾斜的政策导向。除了继续加强对民办学校的各种支持和保障外，该草案还专门针对民办学校集团化办学、民办教育培训机构发展等实践中普遍关切、社会广泛关注的现象与问题提出有针对

---

① 《国家工商总局、教育部通知要求规范营利性民办学校名称登记管理》，中国教育新闻网，http://www.jyb.cn/zgjyb/201709/t20170904_758301.html.

② 中国民办教育协会：《司法部关于〈中华人民共和国民办教育促进法实施条例（修订草案）〉公开征求意见的通知》（送审稿），http://www.canedu.org.cn/site/content/2581.html.

性和可操作性的指导意见。

（四）着眼于民办培训机构的治理，出台指导意见

2018 年，国家层面为整治校外培训机构市场、规范民办培训机构管理，集中出台相关政策，同时开展了专项治理行动，其出发点主要是为了减轻中小学的校外课业负担，坚决抵制一系列变相超前教学的办学行为。

2018 年 2 月，教育部办公厅等四部门发布《关于切实减轻中小学生课外负担开展校外培训机构专项治理行动的通知》，专门提出针对民办培训机构的治理任务、具体整改要求和相关举措等。该文件在指导思想部分明确提出，应落实立德树人基本任务，治理一切违背教育规律和青少年成长规律的办学行为，并针对这一基本原则明确提出严禁“强化应试”、严禁将培训机构组织的考试或竞赛结果作为升学依据等具体要求。同时，还专门提出应建立由教育行政部门牵头，民政、人社、工商（市场监管）等多部门共同组成的工作机制，通过建立健全黑名单和白名单制度完善民办培训机构的监督机制，为规范民办培训机构创造条件。

2018 年 8 月，国务院办公厅专门发文《关于规范校外培训机构发展的意见》，可见党和政府高度重视此项工作，这也是国家层面首次以国务院办公厅发文出台的专门针对规范民办培训机构的文件。该意见不仅明确了培训机构的设置标准、审批办法等操作性内容，还专门提出规范办学行为的具体要求，如对培训内容、培训时间、收费管理等都作出非常具体和细化的规定，对加强这类机构的管理极具指导意义。

各省民办教育发展现状与政策进展

李楠*

摘要：在新修订的《民办教育促进法》颁布实施的背景下，为地方民办教育的快速发展带来机遇和挑战。省际间各级各类民办教育的发展存在较大差异，地方促进和规范民办教育的侧重点也不尽相同，各地先后采取多种途径完善民办教育分类管理的配套制度。

关键词：民办教育　办学规模　地方创新

一、各省民办教育的发展现状

由于受到各地经济和社会发展水平差异的影响，各省份在各级各类民办教育的发展规模与教育质量上均存在不同程度的差异，部分地区民办教育的总体规模较大，发展水平较高，而部分地区则相对落后。

（一）各省份民办学前教育的发展概况

1. 多数省份民办学前教育规模继续扩大

无论是民办在园幼儿还是民办在园幼儿所占比例，多数省份均呈继续增长的趋势。

---

* 李楠，女，中国教育科学研究院教育发展与改革研究所助理研究员。

（1）多数省份民办学前教育在园幼儿继续增长

多数省份民办学前教育在园幼儿继续增长。2016 年，除浙江、江西、陕西民办学前在园幼儿数出现小幅减少外，全国绝大多数省份民办学前在园幼儿数均呈现不同程度的增长趋势。其中，年增长率较大且超过 20% 的省份依次为甘肃、天津、新疆，增幅分别为 33.71%、20.96%、20.77%（见图 1）。

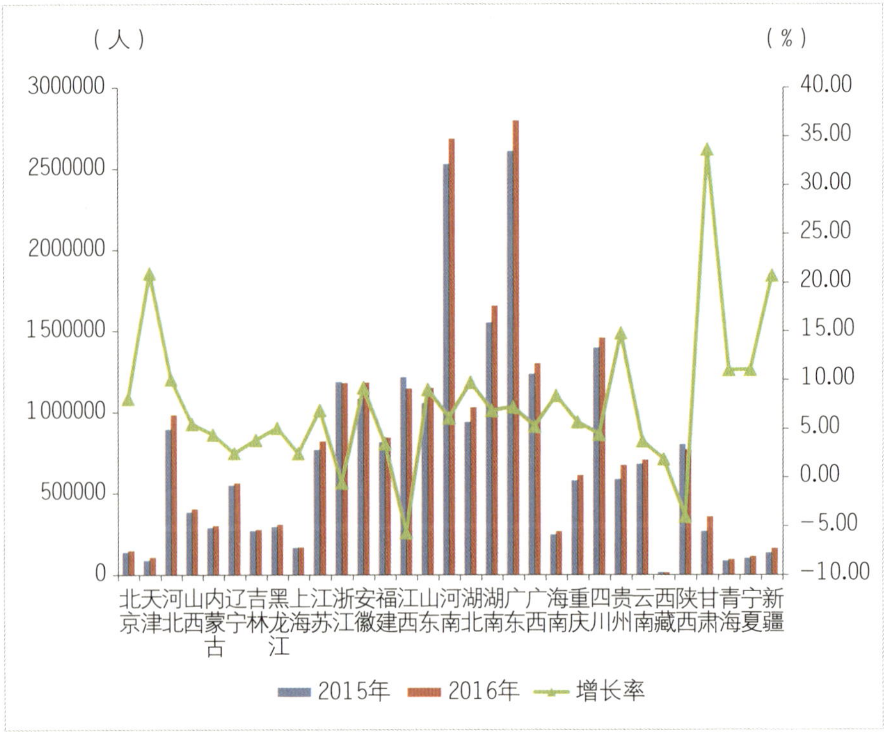

图 1　2015—2016 年各省份民办学前教育在园幼儿及增长率

数据来源：教育部发展规划司：2015 年、2016 年全国教育事业简明统计分析（内部资料）。

（2）多数省份民办学前教育在园幼儿占在园幼儿总数的比例继续增长

2016 年，全国已有 20 个省份民办学前在园幼儿占在园幼儿总数的比例超过 50%，且全国整体的这一比例继续增长，比上年增长 1.24 个百分点。尽管上海、浙江、福建、江西、海南、西藏、陕西等部分省份民办在园幼儿所占比例有所下降，全国多数省份民办学前在园幼儿所占比例均继续增长。其中，天津的民办学前在园幼儿所占比例比上年增幅最大，增长5.18个百分点（见图2）。

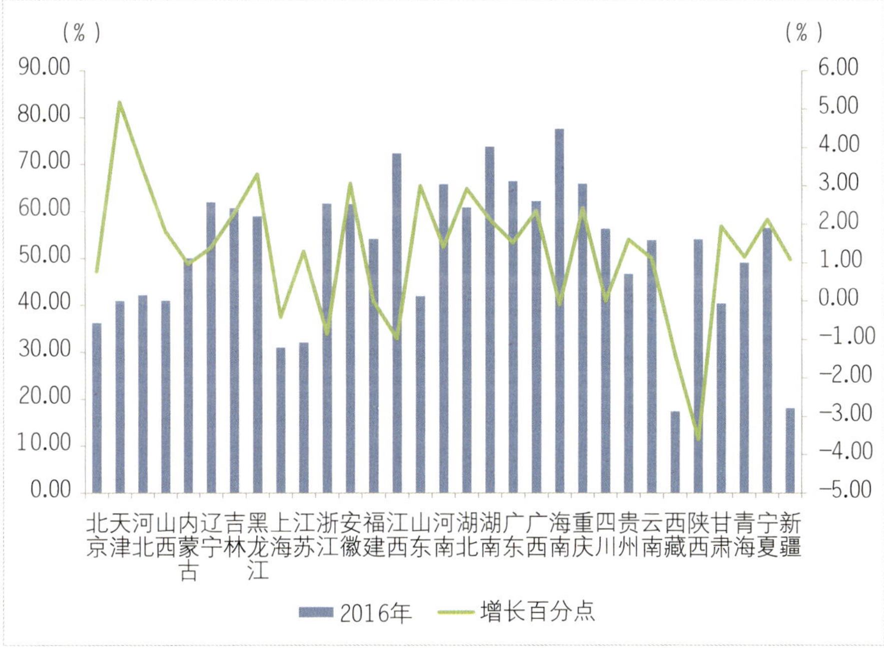

图2　2016年各省份民办在园幼儿占在园幼儿总数的比例及增长百分点

数据来源：教育部发展规划司：2015年、2016年全国教育事业简明统计分析（内部资料）。

2. 多数省份城市民办学前教育办学规模快速发展

（1）多数省份城市民办在园幼儿快速增长，农村增幅稍缓

2016年，除宁夏外，全国各省份城市民办学前教育在园幼儿规模均呈现不同程度增长。与城市相比，我国农村民办学前教育在园幼儿的增幅略小，且北京、天津、黑龙江、上海、浙江、江西、重庆、西藏、陕西等地比上年出现减少趋势，其中西藏农村在园幼儿的减幅最为明显，减少45.70%（见图3）。

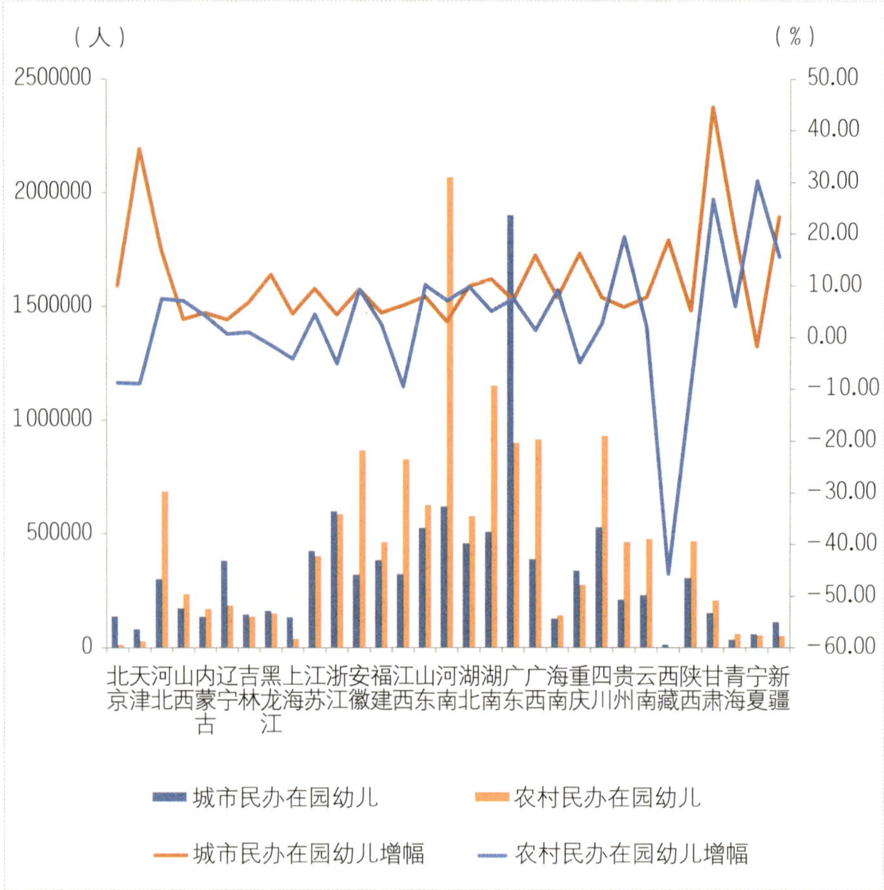

图 3　2016 年各省份分城乡民办学前教育在园幼儿规模及增长率

数据来源：教育部发展规划司：2015 年、2016 年全国教育事业简明统计分析（内部资料）。

（2）多数省份民办在园幼儿所占比例城市大于农村

2016 年，多数省份民办在园幼儿占所有在园幼儿的比例，无论是城市还是农村均呈不同程度增长。从城乡比较来看，除上海和浙江外，全国各省城市民办在园幼儿所占比例均大于农村，与历年的发展趋势趋同（见图 4）。

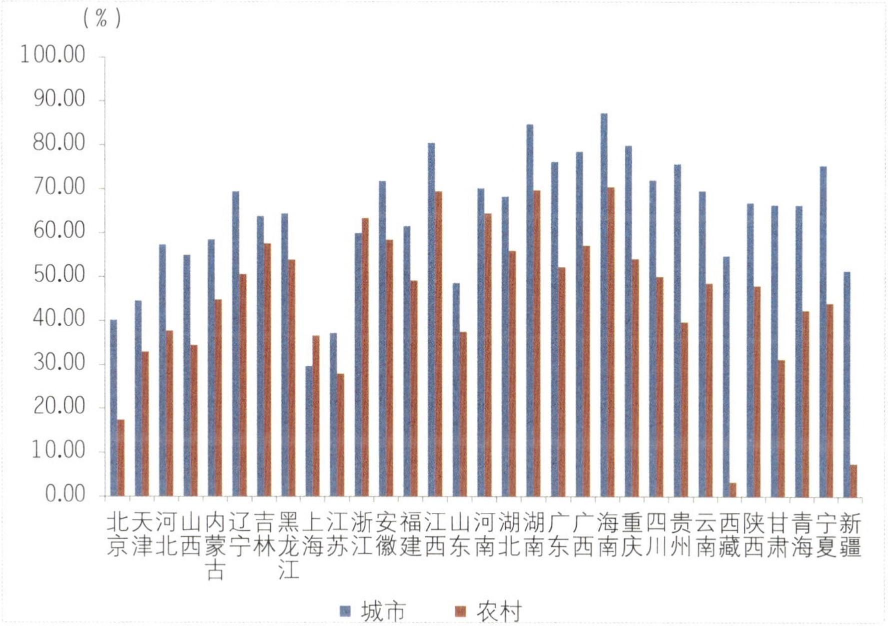

图 4　2016 年各省份城乡民办学前教育在园幼儿占在园幼儿总数的比例

数据来源：教育部发展规划司：2015 年、2016 年全国教育事业简明统计分析（内部资料）。

3. 琼湘赣粤等地民办在园幼儿所占比例较高

分区域来看，我国中部地区民办在园幼儿所占比例最高，2016 年达到 64.39%，而东部、西部地区分别为 50.73%、51.81%。在全国 31 个省份中，省际间也存在较大差异，位于前四位的为海南、湖南、江西、广东，民办在园幼儿所占比例依次为 77.59%、73.79%、72.31%、66.42%，远远高于全国整体的比例（见图 2）。

（二）各省民办中小学教育的发展概况

受国家对中小学教育资源分配的影响，由于义务教育学校的举办者以政府为主，民办义务教育学校的办学规模相对稳定。与全国普通高中办学规模变化趋势相一致，多数省份民办普通高中学校数及在校生数均有所减少。从省际比较的角度来看，各省间民办中小学教育所占比例仍存在较大差距。

1. 多数省份民办义务教育规模稳定发展

除部分省份民办义务教育在校生有所减少外，多数省份民办义务教育学校的在校生数、在校生所占比例均稳定发展。

（1）多数省份民办义务教育在校生小幅增长

2016年，除北京、河北、上海、浙江、福建、贵州、云南、甘肃、青海、新疆等地民办小学在校生比上年有所减少外，其余多数省份均呈不同程度增长。其中，山东民办小学在校生增长最快，比上年增长26.37%。除西藏民办初中在校生出现较大幅度减少外，北京、新疆、青海、吉林、内蒙古、陕西等省份民办初中在校生出现小幅减少，其余多数省份民办初中在校生稳定增长。其中，河北民办初中在校生增长最快，年增长14.29%（见图5）。

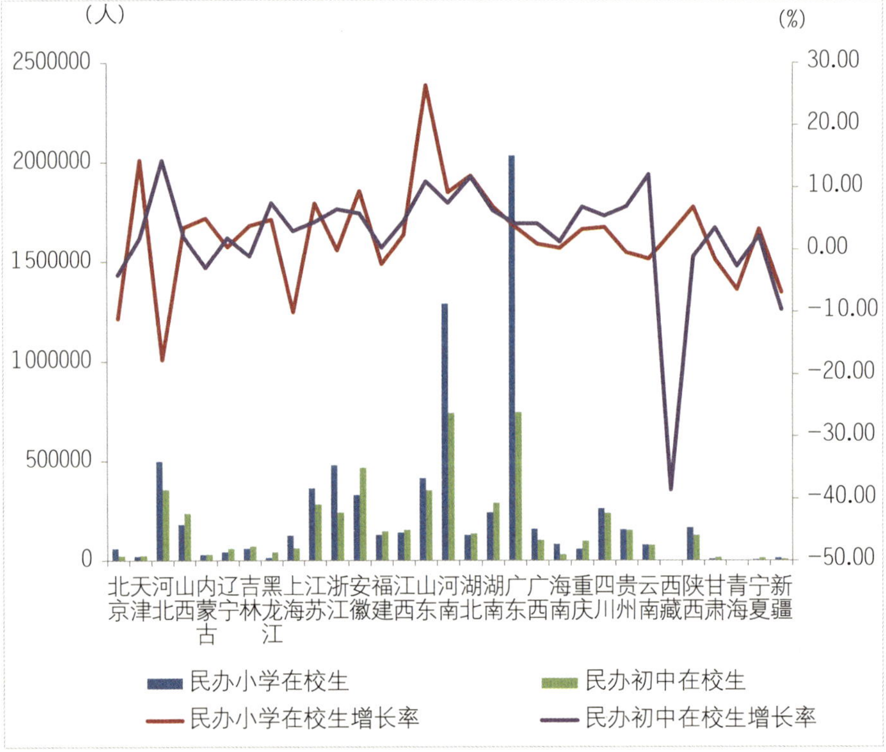

图5 2016年各省份民办义务教育在校生及增长率

数据来源：教育部发展规划司：2015年、2016年全国教育事业简明统计分析（内部资料）。

（2）多数省份民办义务教育在校生所占比例略有增加

2016 年，除北京、上海、福建、广东、广西、海南、贵州、云南、甘肃、青海、新疆等地民办小学在校生所占比例略有下降外，其余多数省份稳定上升，其中增长最快的是山东省，比上年增长 1.13 个百分点；多数省份民办初中在校生占初中在校生总数的比例较上年小幅增长，吉林、福建、西藏、新疆等地除外，其中，增长较快的前三个省为河北、广东、山西，分别比上年增长 1.43 个、1.28 个、1.08 个百分点（见图 6）。

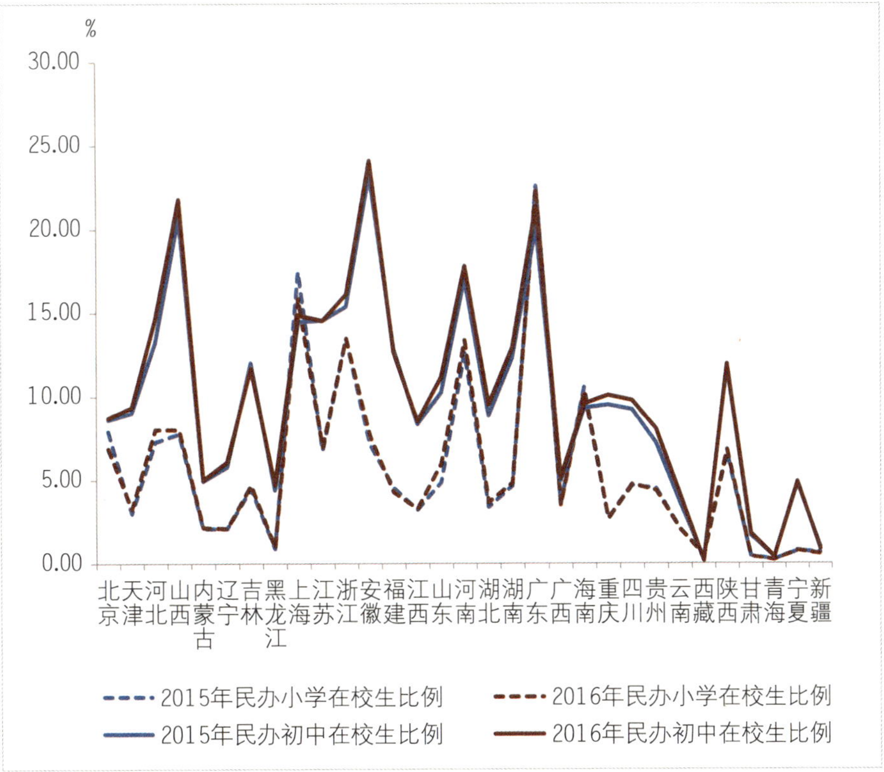

图 6 2015—2016 年各省份民办义务教育在校生占同级教育在校生总数比例

数据来源：教育部发展规划司：2015 年、2016 年全国教育事业简明统计分析（内部资料）。

2. 多数省份民办普通高中办学规模开始呈增长趋势

与前几年民办普通高中办学规模稳定减少趋势不同，2016 年，民办普通高中在校生规模开始出现不同程度增长。

（1）多数省份民办普通高中在校生逐渐增长

2016 年，全国多数省份民办普通高中在校生规模呈增长趋势，北京、山西、内蒙古、江苏、重庆、西藏、甘肃、青海、宁夏、新疆等地除外，其中，河北、山东、云南等地的增幅最大，年增长率分别为 23.18%、19.84%、18.92%（见图 7）。

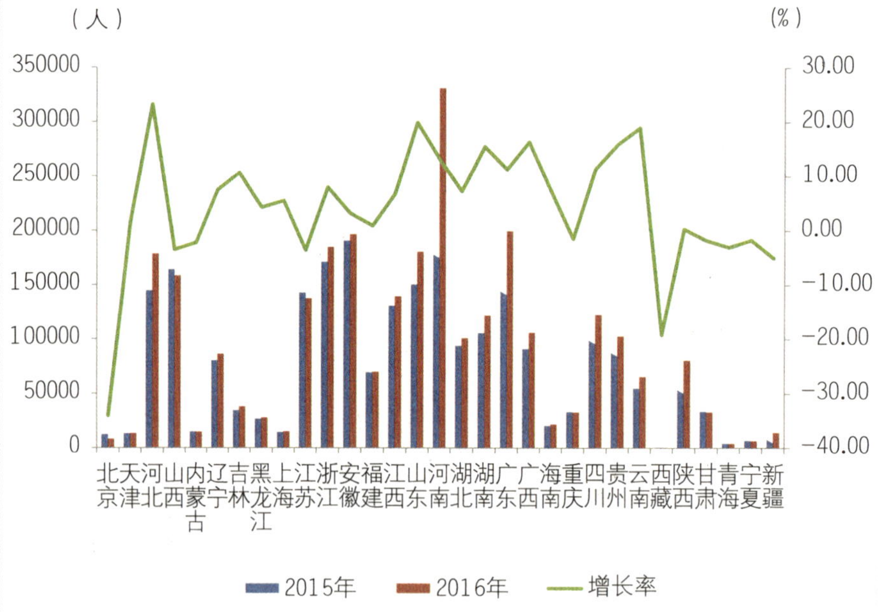

图 7　2016 年各省份民办普通高中在校生及增长率

数据来源：教育部发展规划司：2015 年、2016 年全国教育事业简明统计分析（内部资料）。

（2）多数省份民办普通高中在校生所占比例逐渐提升

2016 年，除北京、江苏、福建、青海、新疆、西藏等少数地区民办普通高中在校生所占比例略有下降外，其余多数省份均呈上升趋势，地方民办普通高中所占份额趋于扩大，其中增幅排名前三的依次为河北、浙江、山东，分别比上年增长 2.19 个、1.99 个、1.93 个百分点（见图 8）。

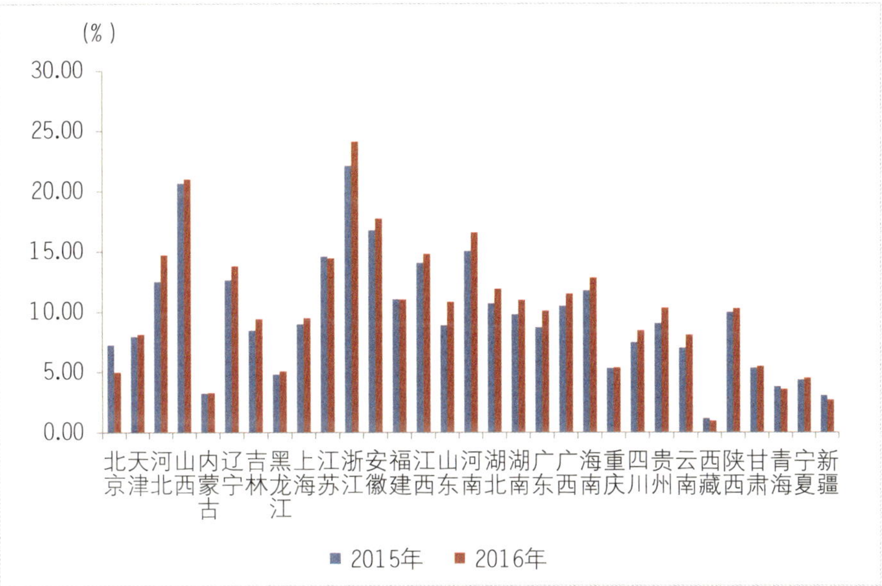

图 8　2015—2016 年各省份民办普通高中在校生占在校生总数的比例

数据来源：教育部发展规划司：2015 年、2016 年全国教育事业简明统计分析（内部资料）。

3. 省际间民办中小学在校生所占比例存在较大差异

无论是义务教育，还是普通高中，不同省份之间民办中小学在校生占同级教育的比例均存在较大差异，东部经济发展迅速的省份民办中小学在校生所占比例较高，而西部欠发达地区的这一比例相对较低。

（1）粤沪浙等地民办小学在校生所占比例较高

2016 年，全国民办小学在校生占同级教育在校生总数的比例为 7.63%。广东、上海、浙江、河南、海南、山西、河北、安徽等 8 省份民办小学在校生所占比例高于全国水平，其中排在前三位的广东、上海、浙江的比例依次为 22.45%、15.88%、13.51%。而青海、甘肃、西藏和新疆等西部地区的这一比例相对较低，还不足 1%（见图 6）。

（2）皖晋粤等地民办初中在校生所占比例较高

2016 年，全国民办初中在校生占同级教育在校生总数的比例为

12.31%。安徽、山西、广东、河南、浙江、上海、河北、江苏、湖南、福建等10省份民办初中在校生所占比例高于全国水平，其中排在前三位的安徽、山西、广东的这一比例依次为24.10%、21.81%、21.39%。西藏、青海、新疆等西部地区民办初中在校生所占比例最低，分别为0.17%、0.42%、0.91%（见图6）。

（3）浙晋皖等地民办普通高中在校生所占比例较高

2016年，全国民办普通高中在校生占同级教育在校生总数的比例为11.79%。浙江、山西、安徽、河南、江西、河北、江苏、辽宁、海南、湖北等10省份民办普通高中在校生所占比例高于全国水平，其中排在前三位的浙江、山西、安徽的民办普通高中在校生所占比例依次为24.12%、21.01%、17.74%。西藏、新疆、内蒙古等西部地区民办普通高中在校生所占比例最低，分别为0.95%、2.69%、3.26%（见图8）。

（三）各省民办中等职业教育的发展概况

2016年，尽管我国民办中等职业教育的学校数持续下降，但在校生规模稍有回升，多数省份民办中职的办学规模开始出现小幅增长。省际间民办中职在校生所占比例也存在较大差距。

1. 多数省份民办中职在校生规模略有增长

与前些年民办中职在校生规模的萎缩趋势有所不同，2016年，13个省份的民办中职在校生出现不同程度的增长，其中甘肃、陕西、宁夏、河北、湖南等地民办中职在校生比上年增长的比例超过15%。而天津的民办中等职业教育在校生规模比上年出现较大幅度减少，减少高达23.21%（见图9）。

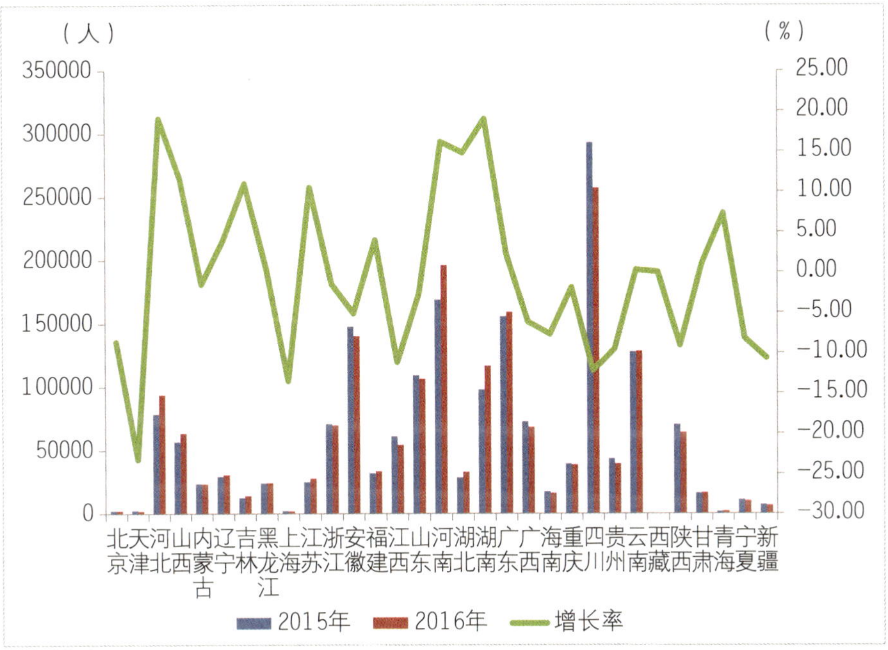

图 9　2015—2016 年各省份民办中职在校生及增长率

数据来源：教育部发展规划司：2015 年、2016 年全国教育事业简明统计分析（内部资料）。（注：西藏无民办中等职业学校）。

2. 多数省份民办中职在校生所占比例有所上升

2016 年，除四川、海南、天津、宁夏、新疆、上海、浙江、广西、贵州、云南等少数省份外，我国多数省份民办中等职业教育在校生占中职在校生总数的比例出现不同程度增长，其中增幅最为明显的为山西、河南、湖南，民办中职在校生所占比例比上年分别增长 3.29 个、3.08 个、2.52 个百分点（见图 10）。

3. 川滇陕等地民办中职在校生所占比例较高

2016 年，全国民办中等职业教育在校生占同级教育在校生总数的比例为 14.4%。分区域来看，我国中部和西部地区的这一比例均高于全国总体水平，分别为 16.56%、16.14%。从各省的情况来看，省际间也存在较大差异，其中四川、云南、陕西等地的这一比例位居前列，分别为 28.13%、

26.42%、23.06%。而上海、天津、北京等东部发达地区的这一比例尚不足3%，青海、新疆等地的这一比例也相对较低，分别为2.49%、2.85%（见图10）。

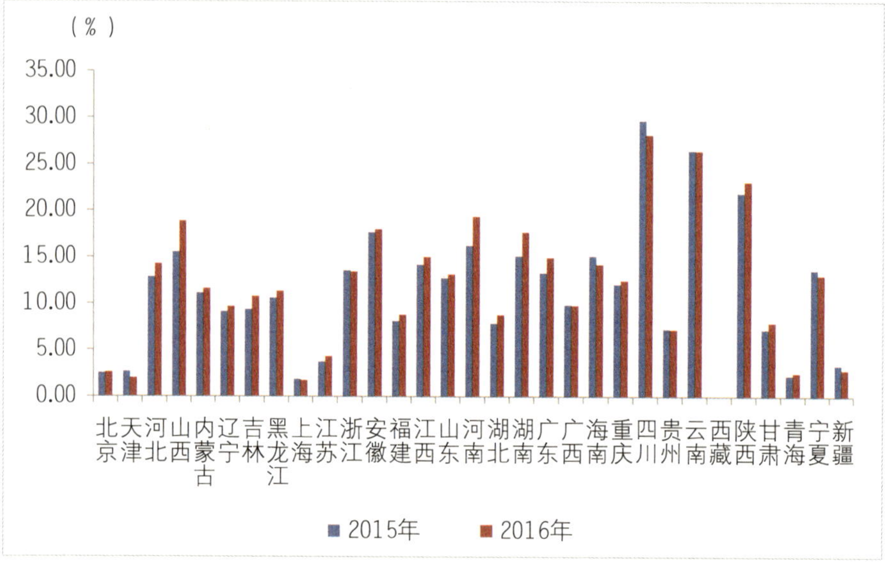

图10 2015—2016年各省份民办中职在校生占同级教育总数的比例

数据来源：教育部发展规划司：2015年、2016年全国教育事业简明统计分析（内部资料）。

（四）各省民办高等教育的发展概况

2016年，我国多数省份民办高等教育招生规模、在校生规模以及民办普通本专科在校生所占比例均呈不同程度增长。然而，多数省份民办高等教育招生所占比例略有减少。

1. 多数省份民办高等教育招生规模持续增长

继2015年多数省份民办高等教育招生规模开始出现增长之后，2016年多数省份民办本专科招生持续增长，北京、内蒙古、辽宁、黑龙江、浙江、安徽、福建、广西、陕西、甘肃、宁夏等地除外。其中，增幅位于前三位的依次为贵州、山东、河南，增幅分别为22.86%、10.92%、8.07%（见图11）。

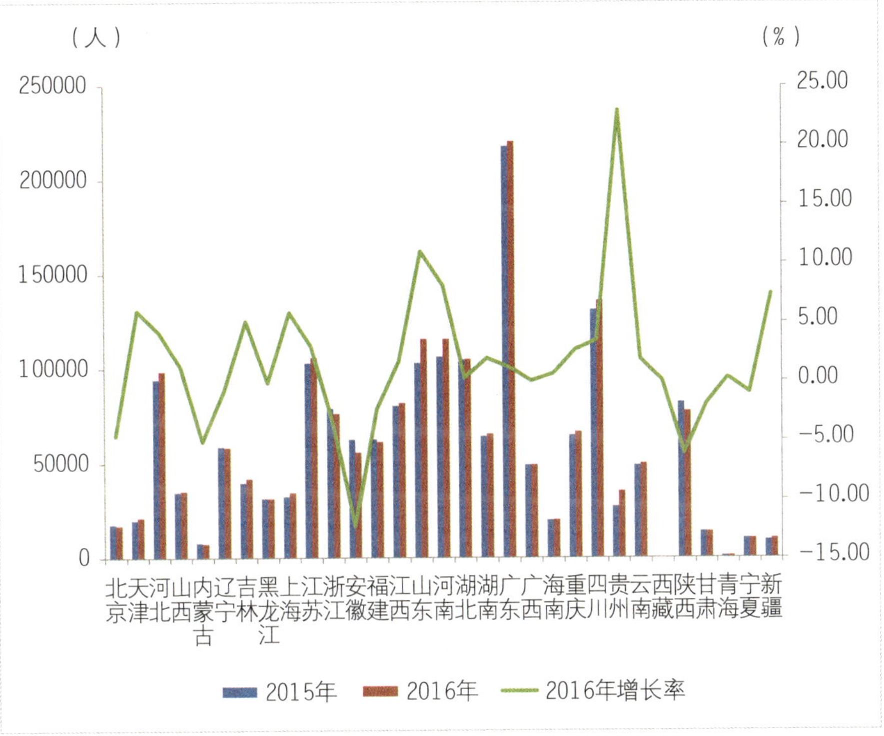

图 11　2015—2016 年各省份民办本专科招生数及增长率

数据来源：教育部发展规划司：2015 年、2016 年全国教育事业简明统计分析（内部资料）。

2. 多数省份民办高等教育在校生规模持续增长

2016 年，除北京、浙江、湖北、陕西、甘肃等少数省份外，其余多数省份民办本专科在校生规模继续呈增长趋势，其中尤以贵州的增幅最大，比上年增长 13.58%，可见 2016 年贵州的民办高等教育的招生规模与在校生规模增幅均位居全国首位。其次，云南、四川的民办高等教育在校生规模增长率较高，分别为 10.10%、9.85%（见图 12）。

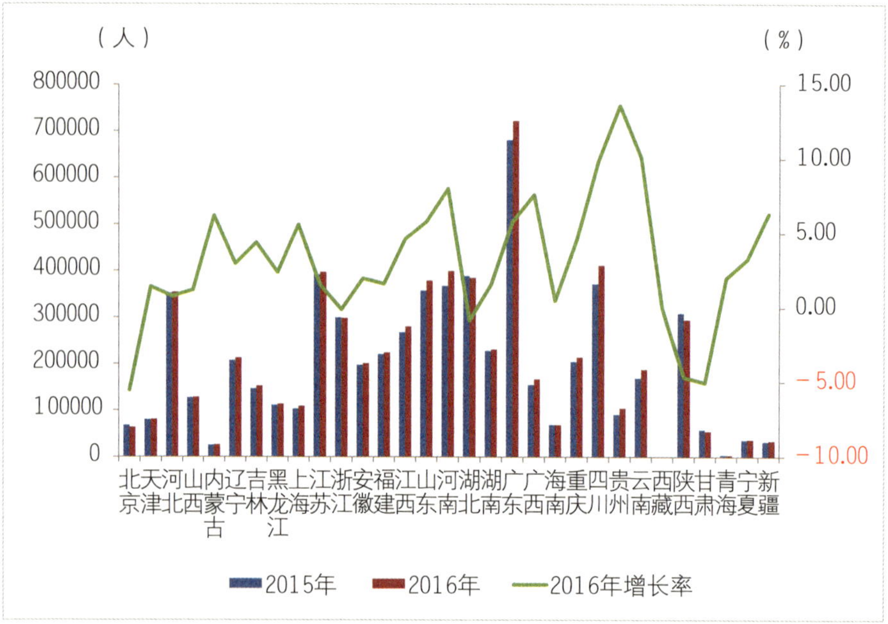

图 12　2015—2016 年各省份民办本专科在校生数及增长率

数据来源：教育部发展规划司：2015 年、2016 年全国教育事业简明统计分析（内部资料）。

3. 多数省份民办普通本专科招生所占比例略有减少

与 2015 年多数省份民办普通本专科招生占同级教育招生总数比例增长趋势不同，2016 年 17 个省份这一比例略有减少，减幅均不足 2 个百分点。其中，陕西、河北、广西等地这一比例比上年的减幅较大，分别为 1.47 个、1.20 个、1.19 个百分点，而相比之下，山东、贵州、上海等地这一比例的增幅较大，分别为 1.44 个、1.22 个、1.07 个百分点（见图 13）。

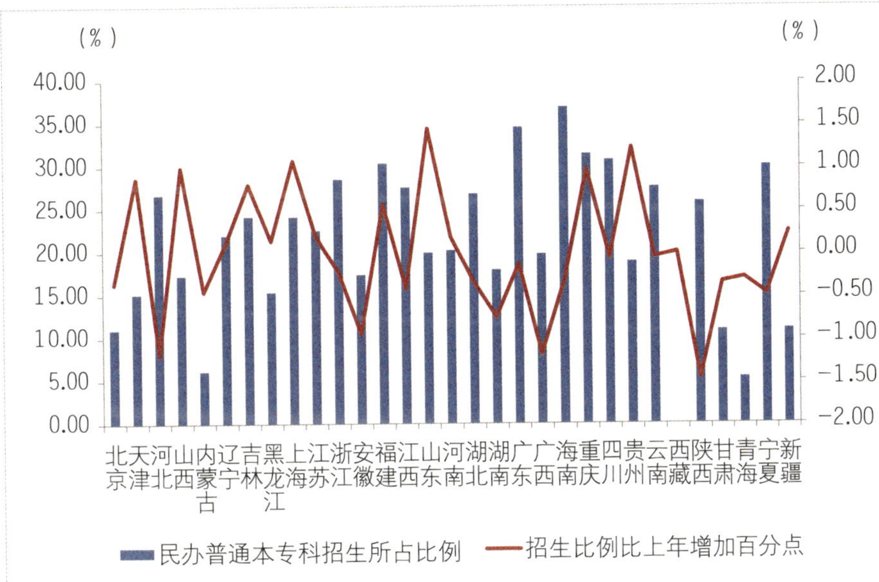

图 13　2015—2016 年各省份民办普通本专科招生所占比例

数据来源：教育部发展规划司：2015 年、2016 年全国教育事业简明统计分析（内部资料）。

4. 多数省份民办普通本专科在校生所占比例有所提升

2016 年，除甘肃、陕西、河北、北京、湖南、青海、浙江、海南、江苏、山西、江西、湖北等省份外，绝大多数省份民办普通本专科在校生数所占比例继续呈增长趋势。其中，这一比例增幅较为明显的为四川、云南和上海，增幅分别为 1.24 个、1.18 个、1.00 个百分点（见图 14）。

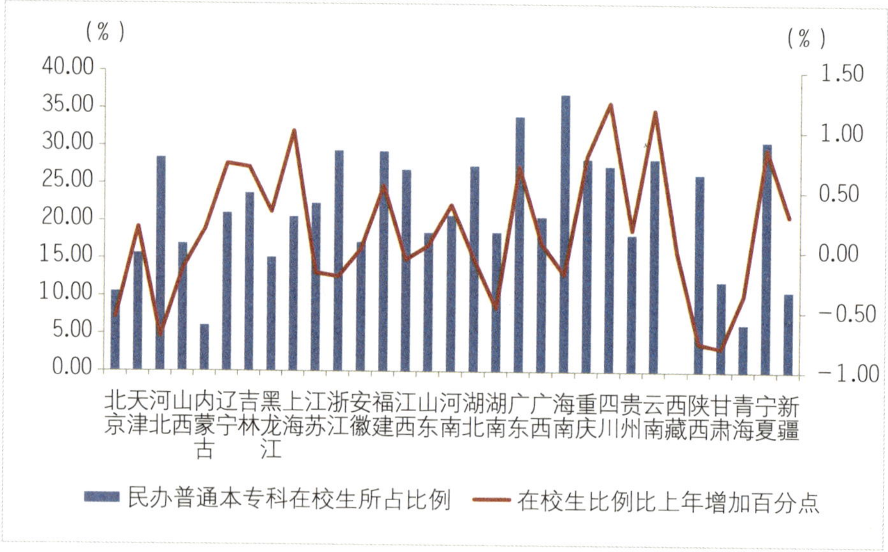

图 14　2015—2016 年各省份民办普通本专科在校生所占比例

数据来源：教育部发展规划司：2015 年、2016 年全国教育事业简明统计分析（内部资料）。

5. 琼粤等地民办普通本专科所占比例较高

2016 年，全国民办普通本专科招生数所占比例为 23.22%，全国民办普通本专科在校生数所占比例为 22.86%。分区域来看，无论是民办普通本专科招生数所占比例，还是民办普通本专科在校生数所占比例，东部地区的比例最高，分别为 25.05%、24.45%。从各省的情况来看，省际间也存在较大差异，其中海南、广东等地的民办普通本专科招生与在校生所占比例均处于较高水平。海南的民办普通本专科招生与在校生所占比例分别为 36.89%、36.98%，广东的民办普通本专科招生与在校生所占比例分别为 34.57%、34.00%（见图 13 和图 14）。

二、各省份民办教育政策的新进展

伴随着新修订的《民办教育促进法》的颁布与实施，国家层面从顶层设计上进一步明确了支持和规范民办教育发展的总体思路。在地方层面上，地方政府依据2016年底国家集中出台的《国务院关于鼓励社会力量兴办教育促进民办教育健康发展的若干意见》《民办学校分类登记实施细则》《营利性民办学校监督管理实施细则》等指导性文件，结合当地民办教育发展的具体实际，相继出台了省级政府促进民办教育发展的配套文件。在此基础上，各地还不断创新、积极探索，以多种形式推动民办教育分类管理，促进民办教育整体质量的提升。

（一）地方政府相继出台民办教育的指导性文件

继《国务院关于鼓励社会力量兴办教育促进民办教育健康发展的若干意见》颁布实施之后，截至2019年3月，全国共有28个省（区、市）以政府文件的形式出台了各省落实国家这一文件的配套文件，作为新法背景下引领当地民办教育发展的指导性文件。其中，辽宁省人民政府于2017年9月率先出台《关于鼓励社会力量兴办教育促进民办教育健康发展的实施意见》，其次是安徽省、甘肃省、天津市，于2017年10月至11月出台当地民办教育的指导文件。2017年底是地方政府集中出台民办教育指导文件的重要时间节点，云南省、湖北省、上海市、浙江省、河北省均在2017年12月出台相关配套文件，随后其他各地也相继出台相关文件（见表1）。

从各地出台的促进民办教育指导性文件的名称来看，除甘肃、上海、重庆等地外，其余各省的表述趋于一致，均作为国务院文件的地方实施意见。从文件涉及的主要内容来看，主要是针对国务院政策的具体落实和任务分解。从各地的创新举措来看，一是湖北、上海、浙江、河北、江苏、广东、江西等地在文件中明确提出民办学校分类管理应平稳推进，设置1—5年不等的过渡期，并建立和完善对登记为非营利性民办学校前期投入的补偿与奖励制度。二是在加强党对民办学校领导的具体举措方面，上海市指出党组织应参与民办学校重大事项的讨论，在董（理）事会最终决定前应征求党组织的意见，四川省则提出完善党组织设置以及将党组织建设内容纳入学校章程等具体措施。三是在完善对民办学校扶持政策方面，甘肃省提出建立民办教育的基金奖励制度，支持对民办学校的公益金捐赠，安徽省提出允许营利性民办学校规范融资或通过专业基金运营机构实现学校的保值增值。四是在加强教师队伍建设方面，江苏省明确提出每年至少保证学费收入的 5% 用于完善教师队伍建设，广东省提出鼓励公办学校的优秀教师到民办学校任教，加强公办和民办学校教师间的合理流动。

表 1　新法修订后各省民办教育指导性文件的出台情况

序号	省（区、市）	政策文件	颁布时间	颁布机构
1	辽宁	辽宁省人民政府关于鼓励社会力量兴办教育促进民办教育健康发展的实施意见	2017.9.30	辽宁省人民政府
2	安徽	安徽省人民政府关于鼓励社会力量兴办教育促进民办教育健康发展的实施意见	2017.10.17	安徽省人民政府
3	甘肃	甘肃省人民政府关于进一步促进民办教育健康发展的实施意见	2017.11.8	甘肃省人民政府
4	天津	天津市人民政府关于鼓励社会力量兴办教育促进民办教育健康发展的实施意见	2017.11.20	天津市人民政府
5	云南	云南省人民政府关于鼓励社会力量兴办教育促进民办教育健康发展的实施意见	2017.12.18	云南省人民政府
6	湖北	湖北省人民政府关于鼓励社会力量兴办教育促进民办教育健康发展的实施意见	2017.12.20	湖北省人民政府
7	上海	上海市人民政府关于促进民办教育健康发展的实施意见	2017.12.26	上海市人民政府
8	浙江	浙江省人民政府关于鼓励社会力量兴办教育促进民办教育健康发展的实施意见	2017.12.26	浙江省人民政府

续表

序号	省（区、市）	政策文件	颁布时间	颁布机构
9	河北	河北省人民政府关于鼓励社会力量兴办教育促进民办教育健康发展的实施意见	2017.12.31	河北省人民政府
10	内蒙古	内蒙古自治区人民政府关于鼓励社会力量兴办教育促进民办教育健康发展的实施意见	2018.1.2	内蒙古自治区人民政府
11	陕西	陕西省人民政府关于鼓励社会力量兴办教育促进民办教育健康发展的实施意见	2018.1.14	陕西省人民政府
12	河南	河南省人民政府关于鼓励社会力量兴办教育进一步促进民办教育健康发展的实施意见	2018.2.2	河南省人民政府
13	海南	海南省人民政府关于鼓励社会力量兴办教育促进民办教育健康发展的实施意见	2018.2.9	海南省人民政府
14	江苏	江苏省人民政府关于鼓励社会力量兴办教育促进民办教育健康发展的实施意见	2018.2.22	江苏省人民政府
15	青海	青海省人民政府关于鼓励社会力量兴办教育促进民办教育健康发展的实施意见	2018.2.27	青海省人民政府
16	广东	广东省人民政府关于鼓励社会力量兴办教育促进民办教育健康发展的实施意见	2018.4.24	广东省人民政府

续表

序号	省（区、市）	政策文件	颁布时间	颁布机构
17	宁夏	宁夏回族自治区人民政府关于鼓励社会力量兴办教育促进民办教育健康发展的实施意见	2018.5.21	宁夏回族自治区人民政府
18	山东	山东省人民政府关于鼓励社会力量兴办教育促进民办教育健康发展的实施意见	2018.5.30	山东省人民政府
19	重庆	重庆市人民政府关于进一步促进民办教育健康发展的实施意见	2018.6.1	重庆市人民政府
20	江西	江西省人民政府关于鼓励社会力量兴办教育促进民办教育健康发展的实施意见	2018.6.29	江西省人民政府
21	广西	广西壮族自治区人民政府关于鼓励社会力量兴办教育促进民办教育健康发展的实施意见	2018.7.2	广西壮族自治区人民政府
22	山西	山西省人民政府办公厅关于支持和规范社会力量兴办教育促进民办教育健康发展的实施意见	2018.7.11	山西省人民政府办公厅
23	贵州	贵州省人民政府关于支持和规范社会力量兴办教育促进民办教育健康发展的实施意见	2018.7.16	贵州省人民政府
24	吉林	吉林省委省政府关于鼓励社会力量兴办教育促进民办教育健康发展的实施意见	2018.8.17	吉林省委省政府

续表

序号	省（区、市）	政策文件	颁布时间	颁布机构
25	四川	四川省人民政府关于鼓励社会力量兴办教育促进民办教育健康发展的实施意见	2018.9.17	四川省人民政府
26	北京	北京市人民政府关于鼓励社会力量兴办教育促进民办教育健康发展的实施意见	2018.11.23	北京市人民政府
27	湖南	湖南省人民政府关于鼓励社会力量兴办教育促进民办教育健康发展的实施意见	2019.1.22	湖南省人民政府
28	黑龙江	黑龙江省人民政府印发黑龙江省关于鼓励社会力量兴办教育促进民办教育健康发展实施意见	2019.2.26	黑龙江省人民政府

（二）完善民办学校分类管理的配套制度

为稳步推进民办学校分类管理，国家层面于2016年12月出台了两个重磅文件——《民办学校分类登记实施细则》和《营利性民办学校监督管理实施细则》，为分类管理的有序推进提供具体指南和实施细则。地方层面在具体落实的过程中，也逐渐出台相关配套政策，有效促进了此项工作的开展。

1. 出台民办学校分类登记的实施细则

继国家出台《民办学校分类登记实施细则》之后，各省也纷纷探索制定当地民办学校分类登记的实施办法或细则（见表2）。从发布的机构来看，只有上海市和黑龙江省是以人民政府的名义发布的，其余均是由省级教育行政部门联合其他相关部门发布。从发布的时间来看，甘肃省于2017年9月率先公布《甘肃省民办学校分类登记实施细则（征求意见稿）》，公开征求意见。国家层面的《民办学校分类登记实施细则》第十六条规定，由地方政府根据当地实际制定变更民办学校登记类型的办法。在甘肃省的这一细则中，关于民办学校变更登记类型的办法，明确规定“营利性民办学校可申请变更为非营利性民办学校，非营利性民办学校不得申请变更为营利性民办学校”。

海南省和上海市是较早出台民办学校分类登记实施细则的省份，均是在 2017 年 12 月印发的细则。这两个省份出台的细则并不是简单借鉴国家实施细则的内容，而是依据国家细则中涉及的核心内容进行了详细规定，均包含 40 条内容，具有较强的可操作性。

2017 年 12 月 12 日，海南省教育厅等五部门印发的《海南省民办学校分类登记暂行办法》在民办学校设立审批方面，详细规定了各级各类民办学校设立的审批部门、申请设立民办学校的程序及所需提供的材料等内容，为民办学校提供了可操作性很强的指南。此外，在海南省办法的第 15 条还明确指出民办学校章程应包含的九类事项；第 32 条提出了营利性民办学校变更为非营利性民办学校需按照公司法的相关规定，经清算后才能重新申请审批；第 33 条将民办学校分类登记的过渡期设定为五年，即 2017 年 9 月 1 日—2022 年 8 月 31 日。

2017 年 12 月 26 日，上海市人民政府印发《上海市民办学校分类许可登记管理办法》。该办法在国家出台的《民办学校》分类登记实施细则涉及内容基础上还专门增加了“组织机构”和“监督与管理”两大部分，前者主要涉及民办学校党组织设置、理事会和董事会等组织架构以及法定代表人、校长等相关内容，后者则包含信息公开、监督管理、行业自律、专业组织等内容。此外，上海管理办法的第 31 条还明确针对经营性民办培训机构作出相关过渡安排，第 32 条专门针对登记为非营利性民办学校的现有学校的补偿和奖励进行说明，并在附件中提供了补偿与奖励的详细计算方法，值得各地借鉴和推广。

表2　地方各省关于民办学校分类登记实施细则的制定情况

序号	省（区、市）	政策文件	发布时间	发布机构
1	甘肃	甘肃省民办学校分类登记实施细则（征求意见稿）	2017.9.17	甘肃省教育厅
2	海南	海南省民办学校分类登记暂行办法	2017.12.12	海南省教育厅等五部门
3	上海	上海市民办学校分类许可登记管理办法	2017.12.26	上海市人民政府
4	天津	天津市民办学校分类登记实施办法（试行）	2017.12.29	天津市教委等六部门
5	河北	河北省民办学校分类登记实施办法	2018.1.9	河北省教育厅等五部门
6	陕西	陕西省民办学校分类登记实施办法	2018.2.1	陕西省教育厅等五部门
7	浙江	浙江省现有民办学校变更登记类型实施办法	2018.4.4	浙江省教育厅等八部门
8	四川	四川省民办学校分类登记实施办法	2018.5.2	四川省教育厅等五部门
9	江苏	江苏省民办学校分类登记实施细则	2018.5.8	江苏省教育厅等五部门
10	重庆	重庆市民办学校分类登记实施细则	2018.7.30	重庆市教育委员会等五部门
11	山东	山东省民办学校分类审批登记实施办法	2019.7.12	山东省教育厅等5部门
12	广东	广东省关于民办学校分类登记的实施办法	2018.11.8	广东省教育厅等五部门
13	北京	北京市民办学校分类登记办法	2018.11.26	北京市教育委员会等五部门

续表

序号	省（区、市）	政策文件	发布时间	发布机构
14	黑龙江	黑龙江省民办学校分类登记实施办法	2019.2.26	黑龙江省人民政府

2. 出台民办学校监督管理的实施细则

2016 年 12 月 30 日，教育部、人力资源和社会保障部、国家工商总局三部门发布《营利性民办学校监督管理实施细则》，针对营利性民办学校监督管理提出 50 条细则。各地在国家这一政策的基础上也相继出台地方营利性民办学校监督管理的相关办法（见表 3）。

天津市是较早出台民办学校监督管理办法的，在《天津市营利性民办学校监督管理办法（试行）》中，明确规定了各级各类营利性民办学校注册资本的建议参考金额。

重庆市除了发布《重庆市营利性民办学校监督管理实施细则》外，还同步出台了《重庆市非营利性民办学校监督管理实施细则》，对非营利性民办学校的性质、设立条件与申请所需材料、组织机构设置、教育教学等进行了明确规定。值得一提的是，《重庆市非营利性民办学校监督管理实施细则》专门将“教师队伍”作为一章单列，涉及教师聘任、教师待遇以及应享有的权利等，其中明确指出非营利幼儿园和中小学教师在培训、考核、职称评定等方面应与公办学校教师同等对待。

广东省仅出台了营利性民办培训机构的监督管理办法，包含设立、内部治理、教育和培训、日常管理、信息公开、变更与终止、监督与处理等内容，其中还涉及培训计划、培训难度以及筹设期内禁止开展招生和培训活动等规定，对规范营利性民办培训机构办学行为具有较强的指导意义。

表3 地方各省关于营利性民办学校监督管理细则的制定情况

序号	省（区、市）	政策文件	发布时间	发布机构
1	天津	天津市营利性民办学校监督管理办法（试行）	2017.12.25	天津市教委等三部门
2	陕西	陕西省营利性民办学校监督管理实施办法	2018.2.1	陕西省教育厅等三部门
3	四川	四川省营利性民办学校监督管理实施办法	2018.5.2	四川省教育厅等三部门
4	江苏	江苏省营利性民办学校监督管理实施细则	2018.5.8	江苏省教育厅等三部门
5	广东	广东省营利性民办培训机构的监督管理办法	2018.5.28	广东省教育厅等三部门
6	重庆	重庆市营利性民办学校监督管理实施细则	2018.7.30	重庆市教育委员会等三部门
7	广西	广西壮族自治区营利性民办学校监督管理实施办法	2018.10.10	广西壮族自治区教育厅等三部门
8	北京	北京市营利性民办学校监督管理办法	2018.11.26	北京市教育委员会等三部门
9	黑龙江	黑龙江省营利性民办学校监督管理办法	2019.2.26	黑龙江省人民政府

（三）出台公共财政扶持民办教育的实施办法

“十二五”以来，我国很多省份均设立了扶持民办教育发展的专项资金并出台了相关管理办法。各地结合当地实际，通过设立民办学校专项扶持基金、专项补助资金、优质民办学校专项奖励等多种途径和方式支持和促进民办教育快速发展。浙江省在这方面积极探索经验，2018 年 3 月 8 日，浙江省财政厅和教育厅联合出台《浙江省公共财政扶持民办教育发展的实施办法》，为地方层面健全公共财政支持民办教育的政策体系提供了很好的范本。

在浙江省的这一办法中，公共财政扶持民办学校的类型广泛，涉及学前教育、中小学和高等教育，并明确了扶持的对象主要针对非营利性民办学校，提出逐步建立和完善公共财政扶持体系，突出“经费标准化”的主要思路，指出了各级各类民办学校中重点支持的对象和领域。同时，该办法的第 8 条还明确了省级财政支持各地民办教育发展的具体举措，即省级财政每年通过转移支付的方式，按经第三方审计确认的市、县级民办学校举办者投入数的 15% 以及上年市、县财政对民办学校补助数的 15% 安排预算资金。此外，该办法还提出应健全资金管理的监督机制，通过引入社会组织或第三方机构加强对民办教育扶持资金的管理与监督，确保这一专项资金的有效使用和效益最大化，并将资金使用情况作为下一年度资金分配的重要依据。

（四）出台民办学校教师队伍建设的支持政策

《民办教育促进法》赋予了民办学校教师享有与公办教师同等的法律地位和相关权利。教师队伍建设在学校发展和变革中起着尤为重要的作用，就民办学校而言，也是影响学校教育质量和办学活力的重要因素。在这方面，各地也在积极探索加强民办学校教师队伍建设的支持政策。

2015 年 12 月 28 日，山东省人民政府办公厅发布《关于开展非营利性民办学校教师养老保险与公办学校教师同等待遇试点工作的指导意见的通知》，这是在新修订的《民办教育促进法》实施之前地方层面对于非营利性民办学校教师队伍建设的较早尝试。该政策提出坚持公平和自愿原则，赋予非营利性民办学校教师选择参加机关事业单位或企业职工养老保险的权利，从而真正落实在养老保险方面与公办教师的同等待遇。此外，还明确规定了养老金计发和养老保险关系转移接续的具体办法，不仅保障了非营利性民办学校教师的基本权益，同时也有效促进了公办学校与非营利性民办学校之间的教师流动，保障其切身利益不受影响。

2018 年 4 月 8 日，浙江省教育厅、浙江省机构编制委员会办公室、浙江省财政厅、浙江省人力资源和社会保障厅四部门出台《浙江省民办学校教师队伍建设实施办法》，这是地方层面较早出台的专门针对民办学校教师队伍建设的政策。该办法主要涉及教师配备、职业道德、教师保障、教师发展、教师流动、教师服务等内容。在教师配备方面，该办法对民办学校的教师准入作出较为明确的规定，要求民办学校教师必须取得相应的教师资格证；在教师保障方面，不仅再次强调了民办学校教师与公办学校教师同等的法律地位，还在资格认定、职称评聘、进修培训、科研课题申报、评优评先、国际交流、教龄和工龄计算等方面，赋予民办学校教师与公办教师同等的权利，同时还规定允许部分符合条件的民办学校教师参加机关事业单位养老保险并同步建立职业年金，并由地方政府对这类教师所在学校给予补助；在教师发展方面，明确提出加大培训力度，提出应参照同类公办学校标准，足额提取教师培训经费，以保障教师培训的经费来源；在教师流动方面，专门提出若干促进教师在公办学校与民办学校间有序流动的举措和保障措施。此外，该办法还专门提出全面推行民办学校教师人事代理制度，这也是地方层面在教师服务方面的有益探索。

（五）健全民办非学历教育管理办法

近年来，各地一直在积极探索和试行规范和完善民办非学历教育管理的相关政策，从而为进一步规范民办非学历教育机构的各项管理提供依据。在这方面，北京、上海、广东等东部发达省份积累了很好的经验。

上海市于 2015 年 9 月和 10 月，先后出台了《上海市民办非学历教育机构管理办法》《上海市民办非学历教育机构设置标准》两个重要文件，不仅明确了非学历教育机构设立、管理、监督以及扶持与鼓励等相关内容，还专门规定了这类教育机构的设置标准，涉及学校章程、办学场所、办学内容、管理人员、师资队伍等 17 条内容。

2017 年 12 月 25 日，北京市教育委员会专门针对现行民办非学历高等教育机构和教育培训机构办学存在的突出问题，出台了《关于加强北京市民办非学历教育机构管理工作的若干意见》。在该文件中多次强调要紧密结合首都城市战略定位，既要满足人民群众多样化需求，又要坚持疏解非首都功能的要求，严把审批关，同时优化已有民办非学历教育机构的内容结构和布局，通过完善年检制度加强外部监督和管理。同时，还提出探索建立负面清单制度和联合监管机制、健全退出机制等有效举措，通过整治违规办学或办学不规范的民办非学历教育机构，有助于整体提升民办非学历教育机构的办学品质，从而更好地服务于北京市城市发展的需要。

为落实《国务院办公厅关于规范校外培训机构发展的意见》的相关精神，北京市于2018年11月出台了《北京市民办教育培训机构办学标准（暂行）》，对2007年《北京市民办非学历教育培训机构设置管理规定》中的相关内容进行了调整。其中，专门明确了“中小学不得举办或参与举办民办教育培训机构”，还专门将“教育教学”作为单独一章，分别针对学龄前儿童和中小学学生，提出禁止提前教授小学学科内容和超过国家课程标准的内容。在北京市的关于民办教育培训机构办学标准中，还明确了教师管理的相关规定，特别提出了不能聘用中小学教师、应将任教的专兼职教师的教师资格证编号进行公示等要求。

2018年5月28日，广东省教育厅等四部门发布了《民办培训机构的设置标准》，不再使用2001年公布的《广东省社会力量举办非学历教育机构设置标准（试行）》。广东省新颁布的标准就其内容来看更加丰富，包含22条内容，其中第五条明确将党建工作写入其中，提出同步谋划党的建设基本要求。同时，广东省关于民办培训机构的标准还专门提出了培训机构应建立健全的各项管理制度，如行政管理制度、教学管理制度、安全管理制度、教师和学员管理制度以及收费和退费管理制度等。

国内关于独立学院研究的文献综述

吴　霓　李艳艳*

摘要： 20世纪90年代，随着社会的不断发展，人民群众对于高等教育的需求不断增加。浙江、江苏等地率先试办民办二级学院，有效地补充了高等教育不足的问题。2013年，全国共有独立学院311所，成为高等教育的重要组成部分。面对五年改制，独立学院出现了多种选择。本文通过对2003年以来公开发行文献进行梳理，从独立学院的改革、创新、思考、现状、管理、发展等六大方面，进行系统的总结和分析，以期对独立学院这一办学形式提供一些有益的经验整理和思考。

关键词：独立学院　研究　文献综述

自1998年独立学院这一办学形式出现以来（至今说法不统一，部分学者认为郑州大学1993年成立的升达管理学院为我国独立学院之始），作为高等教育的重要补充，独立学院与普通高等教育院校肩负着同等的责任和义务。独立学院已经历了1998年至2002年的初生期，2003年至2008年的发展期，2008年《独立学院设置与管理办法》（教育部令第26号，以下简称教育部26号令）颁布后的独立学院整合规范期，2013年至今独立

* 吴霓，男，中国教育科学研究院教育发展与改革研究所所长、研究员、博士生导师。
李艳艳，女，贵州水利水电职业技术学院教师。

学院根据各自选择走上了完全不同的发展道路的选择期。在二十多年的发展中，关于独立学院的文献研究同样经历了四个阶段，本文拟对2003年以来，CNKI（中国知识基础设施工程）中检索获得的有关独立学院的期刊文献，系统地进行总结和分析，并对所获得文献以关键词作为筛选分类条件，从而得出各项所需数据。检索形式以日期设定后进行搜索主题“独立学院”，得到以独立学院为主题文献后，进行进一步搜索细分。将改革、创新、思考、现状、管理、发展等六个词依次在关键词栏搜索，由此得出所需各分类文献内容。特别是对2008年教育部26号令以后至2013年的整合规范期，以及2013年至今的选择期，从独立学院的改革、创新、思考、现状、管理、发展等六大方面进行总结，分析关于独立学院重点研究的方向，由此对独立学院研究的未来走向进行分析，希望能够对于独立学院这一办学形式提供一些有益的研究经验整理和深度思考。

一、关于独立学院的研究文献发展现状综述

目前，国内对于独立学院的研究最早起源于19世纪80年代后期，研究的方向主要是以探讨我国台湾地区独立学院这一办学形式的举办、招考等具体做法为主要内容。“招生考试分为两次，第一次由大学及独立学院联合考试，优先录取；第二次由专科学校于第一次联考公榜后联合进行考试和录取。”[①] 这时发表文献量少，且研究层面处于初始探讨阶段。20世纪90年代，独立学院这一办学形式在国内出现，起始阶段所引起关注并不广泛，直到2003年，教育部印发《关于规范并加强普通高校以新的机制和模式试办独立学院管理的若干意见》后，国内学者目光逐渐聚集，开始对其办学形式及其所引发或涵盖的各种问题提出了讨论和探索。随着独立学院的飞速发展，对于独立学院的研究文献的数量和质量逐渐增加，到2008年《独立学院设置与管理办法》颁布，国家明确了对于独立学院这一办学形式的各项要求和规范，当年国内期刊关于独立学院的研究文献呈爆发趋势，篇数突破了

---

① 梁英:《台湾高等教育沿革简述》，载《高教探索》1985年第2期。

1000篇，到2011年全年发表量突破2000篇，国内关于独立学院的研究呈现出蓬勃发展的趋势，直到2016年独立学院转型大局已定，研究也逐渐出现回落。

（一）历年期刊关于独立学院研究的文献数量变化统计

从2003年1月1日起至2018年12月31日止，国内关于独立学院研究的期刊文献，受政策影响变化，呈现攀升、回落状态，根据搜索结果显现中国知识基础设施工程（CNKI）中关于独立学院的期刊文献共有21634篇，各年发表的论文数量及其变化如图1所示。

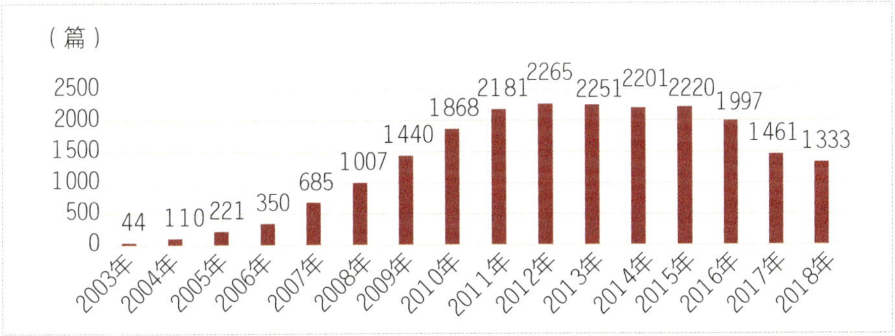

图1 2003年至2018年关于独立学院研究的国内期刊发文数量变化

通过数量变化的统计对比可以看出，独立学院这一办学模式，在2008年开始引起特别关注，2011年至2015年是研究的高峰期，2016年起，随着独立学院走向的逐渐明晰，研究呈回落趋势，发文数量逐渐减少。

（二）独立学院研究的文献水平分析

在检索到的21634篇论文中，包含核心期刊刊登的有1835篇，核心期刊刊登文献数量仅占所有文献数量的8.62%。

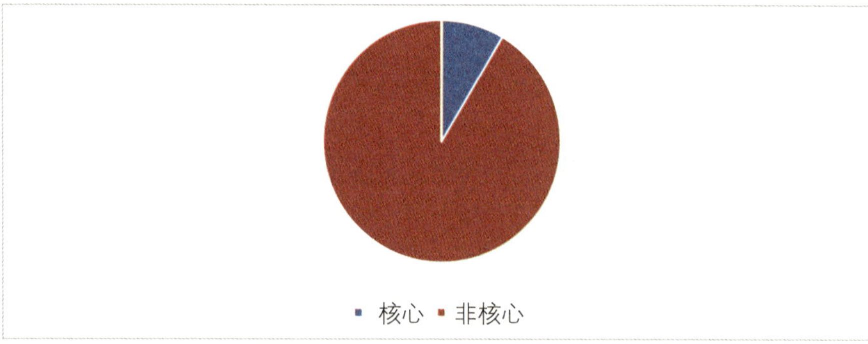

图 2 发文核心量对比

如图 2 所示，为 2003 年以来关于独立学院的研究文献与其中核心期刊发表的文献之间比例，相较于其他教育领域的研究文献，核心期刊文献数量所占比例较低。由此也可以看出关于独立学院的关注较多，研究的文献数量变化较为明显，但在研究文献的学术质量上，尚未达到与数量同步发展的程度，目前国内对于独立学院研究的文献水平，并没有达到一定的高度与深度。

（三）对于独立学院研究的主要内容统计分析

目前国内对于独立学院的研究大致可以分为四个时期，2003 年以前是模式的探讨时期，2003 年至 2008 年是独立学院研究的快速发展时期，2008 年至 2015 年是研究的高速发展期，2016 年以后的回落期。[①]

2003 年以前对独立学院的模式开始探讨，在此阶段学术界对于独立学院这一新生事物的关注主要是疑问的态度，主要的研究方向是“究竟独立学院该不该办”“谁来办”的问题。在这一阶段中，学者们的问题点集中在这一新兴高等教育形式的可行性探讨中。[②] 2003 年政策出现调整，教育部正式出台《关于规范并加强普通高校以新的机制和模式试办独立学院管理的若干意见》，独立学院这一办学形式有了建立和管理的具体依据，由此，

① 栾兰、王续琨、常东旭：《独立学院的现状分析和发展战略构想——基于波特竞争优势理论模型的思考》，载《教育科学》2010 年第 1 期。

② 孙俊岭：《对民办高校异军突起的透视分析》，载《学术交流》2001 年第 2 期。

研究的方向也随之出现改变。

2003 年至 2008 年独立学院迎来了快速发展时期，这段时间里独立学院在办学数量与质量上快速成长，五年里，办学总量增长了十倍，截至 2008 年 2 月，全国独立学院办学总量达到了 315 所。[①] 学界的讨论已由质疑和疑问向研究转变，对于独立学院各方面的研究也逐渐走上了正轨。在这一时期中，学界研究的涉及范围在逐渐扩大，研究的方向上几乎涵盖了高等教育管理涉及的所有研究领域，其中包含了办学模式探讨，如周国宝就独立学院办学模式提出“独立学院这一独特的高等教育办学模式，因兼具公办与民办两种办学模式的优势，正受到越来越广泛的社会认可”[②]；对于独立学院的办学性质探讨，如厦门大学的邬大光教授提出“究其独立学院的属性和特征而言，是投资办学”。[③]

2008 年 2 月教育部正式发布了 26 号令《独立学院设置与管理办法》，在政策上为独立学院的发展提出了更为明确的要求和指引，对于独立学院地研究也随之发生巨大变化。在这一阶段中，对独立学院的研究方向更多地集中到了发展对策、政策对策、教学改革、管理改革、人才培养、质量控制、差异分析等内容，对于未来则充满了不确定性的分析，也在试图探讨统一的发展路径。2013 年至 2015 年，随着 26 号令规定的五年过渡期已满，各独立学院纷纷选择了不同的道路，伴随着尘埃落定，这一密集的研究阶段也就告一段路。

2016 年至今，独立学院根据不同的选择走上了不同的发展道路，或并入母体、或独立为民办高校，有些停办，更有些成了“双一流”高校。选择的不同带来发展机遇的不同，从此独立学院不再是一种特殊的办学形式，各自走上了选择的发展道路。

独立学院因其办学的特殊性受国家政策的影响特别大。以 2003 年

---

① 卢德生、三江：《独立学院发展，将去何方？》，载《教育与职业》2007 年第 7 期。
② 周国宝：《对独立学院办学模式的质疑及其辨析》，载《中国高教研究》2006 年第 5 期。
③ 邬大光：《投资办学——我国民办教育的本质特征》，载《浙江树人大学学报》2006 年第 6 期。

《关于规范并加强普通高校以新的机制和模式试办独立学院管理的若干意见》和2008年《独立学院设置与管理办法》两部法令及五年过渡期为界限，划分出了独立学院研究的四个时期，特别是中间两个时期的研究重点又都指向了法令中带来的直接、间接影响独立学院生存和发展的突出问题。由此可以看出，独立学院作为民办教育的一种形式，对其研究有很大一部分人持有观望、猜测态度。特别是在《独立学院设置与管理办法》发布后的这一时期，研究方向更是集中在对策、改革、创新、反思等方面。总结起来，对于独立学院的研究变化特点有以下两条。

1. 研究领域广泛

经过二十多年的发展，对于独立学院的研究涵盖了高等学校管理的所有领域。从模式、性质、特色、管理、对策、改革、创新、反思到队伍建设、教学研究、党政工作、学生就业、人才培养、设施设置、后勤保障，等。这主要是因为独立学院在高等教育的份额中逐渐增加，影响力不断扩大所带来的众多关注，并且此类关注逐渐增强，由历年来关于独立学院的研究文献数量变化可以充分证明这一点。

其中，涉及教学研究（101篇）和学生就业工作（207篇）的较多，例如：孟祥林认为在教学研究过程中要结合学生和课堂特点，对教学过程行为进行动态博弈分析，探究教学过程中的师生关系，确保教学活动高效开展[①]；而在学生就业问题上，李林、杨天乐认为“独立学院毕业生社会认同度不高、全员就业意识薄弱、就业治标不治本现象突出、就业人员专业化程度欠缺、学生获得学位率和毕业率低等五大难点已成为毕业生就业工作中棘手的问题”，他们在分析五大难点形成原因基础上，结合浙江工业大学之江学院的就业实际情况进行思考，提出了三项对策，即多方合力提高独立学院的社会影响力与认可率、多种措施保证全员就业意识的形成、多层面加强完善四年一贯的全程就业指导工作，以期促进独立学院毕业生

① 孟祥林：《民办高校教学过程问题分析与高效实施策略探索》，载《民办教育研究》2006年第3期。

的就业工作。[①]

2. 焦点跟随政策

政策对于独立学院的影响不容忽视，更是独立学院研究明显区分节点，这些节点明显因政策的变化而形成关注焦点，主要原因就是出台的政策中或多或少给独立学院的发展带来不确定性。例如，2008 年教育部出台的 26 号令《独立学院设置与管理办法》第五十八条中规定：“本办法施行前设立的独立学院，按照本办法的规定进行调整，充实办学条件，完成有关工作。本办法施行之日起五年内，基本符合本办法要求的，由独立学院提出考察验收申请，经省级教育行政部门审核后报国务院教育行政部门组织考察验收，考察验收合格的，核发办学许可证。”其中对于什么是“基本符合”就成了众多独立学院的重要研究方向，同时也会衍生出发展、创新、走向等重大问题，这些也都成了研究的主要焦点。这一时期对于独立学院的研究与国家政策、法令的联系越来越紧密，针对政策与法令中所提出问题进行探讨已成为独立学院研究中最重要的方向。

二、对于现有独立学院研究内容的综述

（一）独立学院的发展研究

随着独立学院研究的不断升温，更多的研究者将目光集中到了独立学院的未来发展方面，对于独立学院的未来发展研究与其他方面的研究相比更具有延续性。2003 年至 2018 年，每年都有众多学界人士密切关注独立学院的发展研究，其中除了学者，更多的是独立学院的举办者和从业者，特别是 2008 年至 2013 年的独立学院五年过渡期，对于未来发展的研究出现了众多的猜测，在人才培养、队伍建设等与发展有关的问题关注程度明显提高。对于发展研究的关注面也是在所有研究中最广的，其中有对国有资产、师资队伍、学生走向、接收机构等多方面的研究。因此，发展研究

---

① 李林、杨天乐：《简论着力推进独立学院学生就业工作》，载《中国成人教育》2007 年第 5 期。

的文献多数与其他研究出现重合。2014 年，随着部分省份独立学院转设，这一热点问题逐渐回落，多以借鉴和分析已转设院校所遇到的问题为发展研究的主要内容。中国知识基础设施工程（CNKI）中，从 2003 年至 2018 年，刊登的关于独立学院发展的文献内容最多，总量达到了 11443 篇，占历年发文总数的 52.89%。

关于独立学院发展的视角大多从战略角度考虑，例如，赵志华提出："独立学院作为一种整体办学模式，并不一定长久，有可能转型、合并和分化，但作为独立学院个体来说，只要明确发展战略、准确定位、突出特色、壮大实力、提高社会信誉，加强人才培养和师资队伍建设，快速稳步发展，就会在未来的高等教育体系中占一席之位，甚至有可能超越母校，跨入全国名校之列。"[①] 这一时期的众多猜测与教育部 26 号令密切相关，对于独立学院未来发展的预判也是众说纷纭。

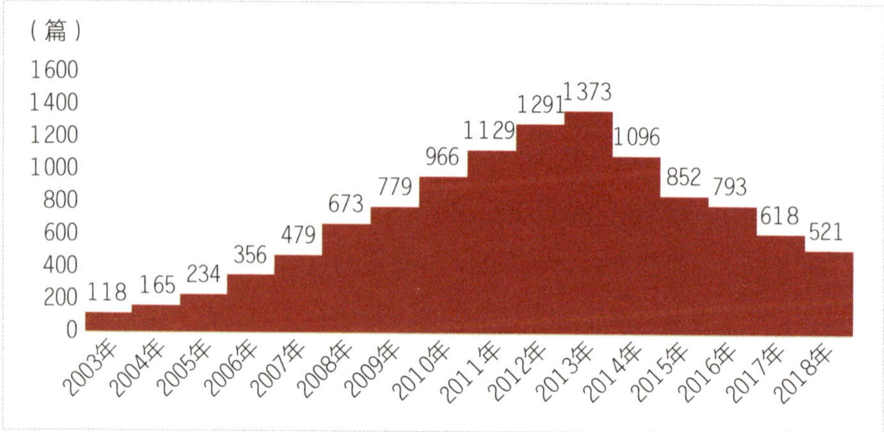

图 3　发展研究文献数量

（二）独立学院的管理研究

在独立学院的管理研究上，研究的方向包含了高等学校管理的几乎所

① 赵志华：《独立学院发展战略研究》，载《河北师范大学学报（教育科学版）》2010 年第 7 期。

有内容，从设立管理、招生管理到财务管理，从硬件设施管理、教学管理、教师管理、学生管理、后勤管理到活动管理等众多方面。独立学院本身既是民办体制同时又具有与母体高校同样的文化传承，所以对于这一独特形式进行的管理研究，成了许多教育研究人员和独立学院从业教育工作者的研究焦点。2003 年至 2018 年关于独立学院管理研究的文献总数达到了 6762 篇，占独立学院研究文献总数的 31.26%。其中以关于教学管理（1865 篇）和学生管理（1314 篇）的文献数量最多。观点大多集中在特色人才培养模式和“以学生为本”的理念上，高雁鸣认为：“独立学院在教学管理中，应抓好学科定位，建立有特色的人才培养模式，在教学、考试方法上大胆改革，注重教师品德、形象对教师世界观的影响，建立一个既符合独立学院实际又高效的教学质量监控和保障体系。”① 全力认为：“独立学院的学生管理工作应树立‘以学生为本’的管理理念，务实创新，在管理方法上体现多元化、人性化。”②

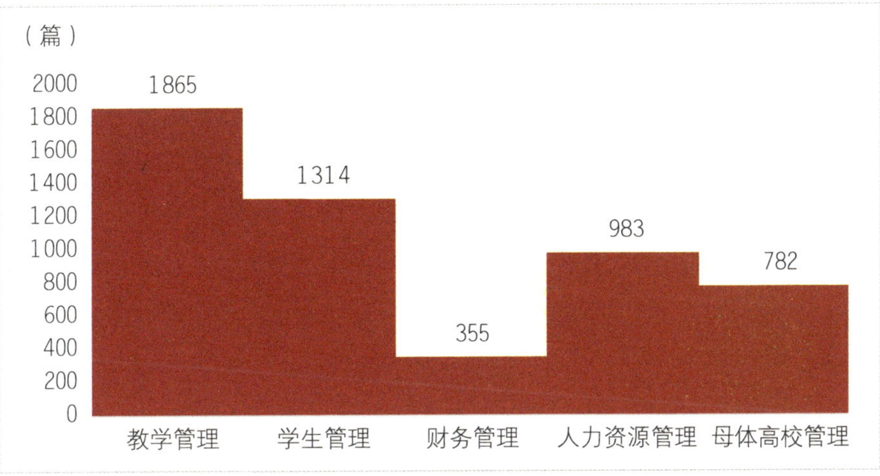

图 4　管理研究文献数量

① 高雁鸣:《独立学院教学管理模式探析》，载《北京理工大学学报（社会科学版）》2006 年第 6 期。

② 全力:《探索独立学院学生管理工作的新途径》，载《高等教育研究》2007 年第 6 期。

（三）独立学院的现状研究

独立学院的现状一直是国内学者研究的重点，以现状研究作为切入点，再由现状分析逐步查找存在的问题，进而由问题引发思考。在关于独立学院现状的研究文献中，既包含了独立学院的性质、组织文化与特色研究、办学模式等方向性研究，同时也包含了诸如人才培养模式、党政及思想政治队伍建设、图书馆建设、后勤、师资队伍建设、财务管理、人事管理模式等具体工作内容方面的研究。在 CNKI 中 2003 年至 2018 年发表的文献中，与独立学院现状有关的文献共计 5510 篇，占同期独立学院研究发文总数的 25.47%。在各个阶段中，独立学院的研究文献与现状有关的文献数量占年度发文量的比例紧随热度变化，且与发展研究紧密相连，大多通过现状研究来思考发展研究，因此两部分文献在统计中有大量部分重合，2011 年现状研究的文献占比一度达到了 29.03%。

在独立学院办学现状的研究上，众多学者的研究方向大多集中在党政及思想政治队伍建设、人才培养模式、师资队伍建设、图书馆建设、后勤、财务管理和人事管理模式等方面。戴林富、游俊认为："创新人才培养模式是首先要解决的问题。克隆母体模式已不能适应人才培养需要，只有创新人才培养模式，才能找到一条有自身特色、合理生存空间、光明前景的发展之路。"① 罗正云、李娟认为："摆在我们面前的一个十分重要而紧迫的任务就是如何深入认识独立学院学生思想政治工作的制约因素，准确把握学生的思想状况，切实加强和改进学生思想政治工作。"② 钟云萍、徐茗臻认为："独立学院要根据自己的实际情况，建立适应新形势的信息服务设施，依托母体图书馆，实现特色互补，资源共享。"③ 张樑、华淑芳认为："独立学院后勤管理需建立新型的具有独立学院特色的社会化后勤服

① 戴林富、游俊：《创新独立学院人才培养模式刍议》，载《中国高教研究》2006 年第 1 期。

② 罗正云、李娟：《新形势下独立学院学生思想政治工作的思考》，载《教育与职业》2006 年第 8 期。

③ 钟云萍、徐茗臻：《独立学院图书馆的建设与发展对策》，载《职业时空》2006 年第 23 期。

务体系，资源配置市场化、管理职能完整化、后勤服务社会化，保障整个后勤服务工作稳定、健康运行。”[①] 周兆农、刘春香通过分析目前独立学院骨干教师相对缺乏，年轻学科带头人数量不足，提出要建立独立学院师资队伍建设的目标、措施和保障机制，探索适合独立学院可持续发展的师资队伍建设基本模式。[②] 朱兰萍就独立学院在财务管理问题上认为，要按照国家的有关规定对各类财产进行核算管理，建立产权清晰的独立的法人资产，明确各方的责、权、利，确保财产管理的明晰。[③] 李丹文、杨宏斌提出了民办独立学院的人事管理新思路，即“独立学院要优化各类人员配比，实现人员定编，充分考虑人才价值取向的转变和对机会成本的重视，真正建立起公开、公平、择优的用人机制”。[④]

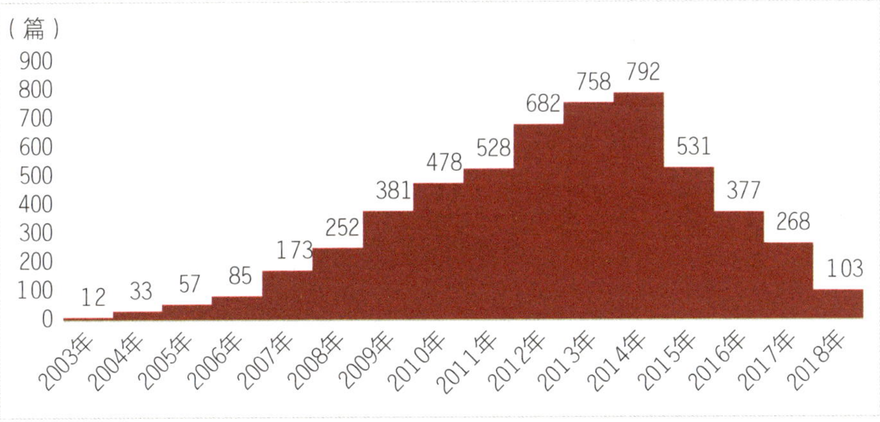

图 5　现状研究文献数量

（四）独立学院的改革研究

独立学院的改革研究与高等学校的改革研究方向大体相同，较为特

① 张樑、华淑芳：《试论独立学院后勤管理与后勤服务之间的关系》，载《现代教育科学（高教研究）》2006 年第 1 期。

② 周兆农、刘春香：《关于独立学院师资队伍建设基本要素的分析》，载《黑龙江高教研究》2006 年第 1 期。

③ 朱兰萍：《高校独立学院财务管理现状与对策》，载《教育财会研究》2006 年第 6 期。

④ 李丹文、杨宏斌：《民办独立学院的人事管理新思路》，载《团结》2005 年第 6 期。

殊的是独立学院的体制改革、教学改革、管理改革三个方面。以 2013 年的最高值为例，与改革有关文献占当年国内期刊中独立学院研究文献的 27.37%，文献总量达到了 5785 篇，占历年发文总量的 26.74%。特别是在教学管理方面的改革，共有文献 2977 篇占独立学院改革研究的 51.46%，教学改革的文献内容重点为应用型人才的培养既要具有高等教育的属性，又兼有职业技术教育的特点。说明独立学院的教育定位准确地设定在“应用型”与“职业技能型”之间。其中，柴玉华、王俊凤、钟海燕针对教学改革认为：“独立学院以培养应用型人才为主旨，因此，学生的培养应在具有必备基础理论知识和专业知识的基础上，重点掌握从事本专业技术领域实际工作的基本能力和实践技能。”①

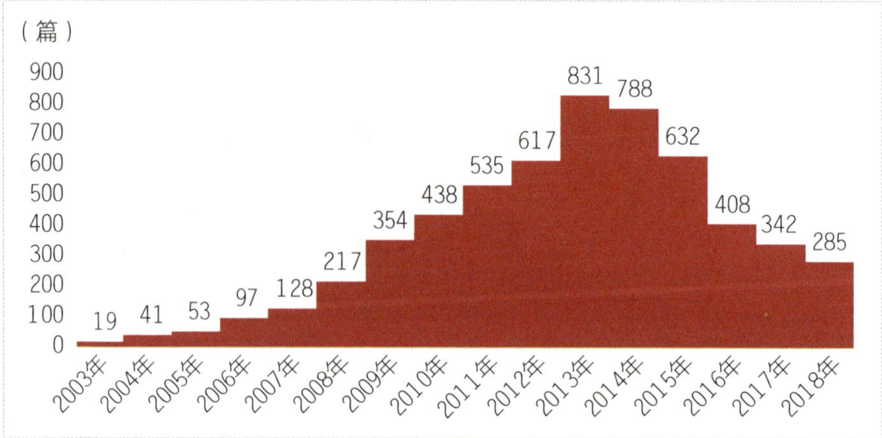

图 6 改革研究文献数量

（五）独立学院的创新研究

在对独立学院的研究中，较为特殊的是独立学院的创新研究。由于较为灵活的机制与母体院校的深厚底蕴，独立学院介于公办高校与民办高校之间。优于民办的文化内涵与各项资源，又有别于公办高校的墨守成规。

① 柴玉华、王俊凤、钟海燕:《独立学院实践教学改革的探索及对策》，载《东北农业大学学报（社会科学版）》2008 年第 1 期。

对于独立学院的创新研究，主要是在未来的不确定性与新型机制体制下的相互效果作用下所引发的创新思考。但在创新的过程中多数还是依赖于国内普通高等教育的演进过程及对国外教育机构的模仿，很多方面不具备实用价值，仅仅停留在一个思考的过程中。在创新的方向上涉及了独立学院的中国特色，另外也对独立学院与普通高等教育的接轨进行了新模式上的探索性思考。2003 年至 2018 年，共有关于独立学院创新研究的文献 3305 篇，占历年发文总数的 15.28%，对比普通高等教育创新的文献数量还存在着巨大的差距。

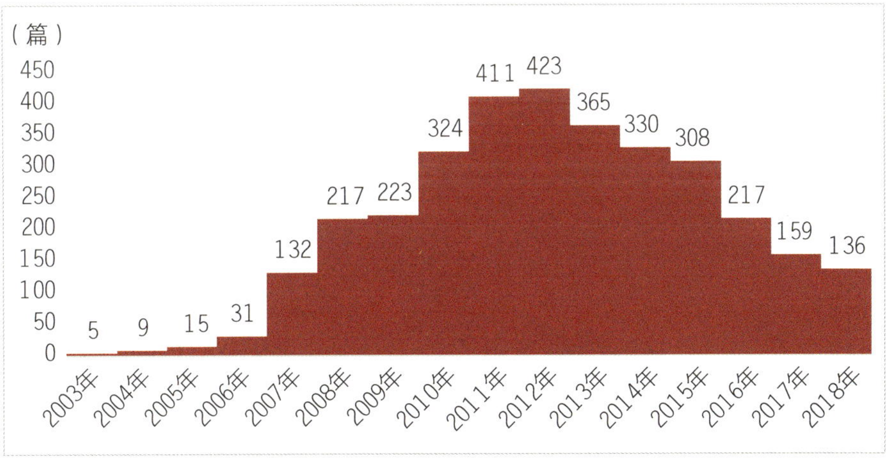

图 7　创新研究文献数量

（六）独立学院的思考研究

在对独立学院的思考研究上，所涉范围较宽，几乎涵盖了独立学院的全部工作方向，2003 年至 2018 年共有关于独立学院思考研究文献 3250 篇，占同期发文总量的 15.02%。这类研究文献大多来自独立学院从业的教育工作者，在一篇文献中往往涉及多项问题。其中，瞿霞从独立学院师资队伍角度提出：“独立学院师资培养定位模糊，其数量和质量远不能适应独立学院可持续发展的需要。找到师资培养目标的误区，重新定位，形成一支素质过硬、能力突出、结构合理的相对稳定的师资队伍是当务之急，对提升独立学院的可持续竞争力必将具有深远影响。”①徐仲安则从独立学院“独立民营”的体制特征出发，从方向定位、结构体系、专业设置、培养目标以及人力资源管理等方面，对独立学院的发展进行了探索和研究，并指出独立学院的办学理念中应融入全新的市场理念，学会用市场供求关系分析选择大学的生存与发展方式，把教育与市场结合起来，这也是中国高等教育变革与发展所期待的。②这些思考是对实际工作中出现问题的具体折射，反映了独立学院存在的问题。同样，这些问题的指向逐步延伸至发展、改革、管理等问题上，由此也形成了针对独立学院研究的体系链条。

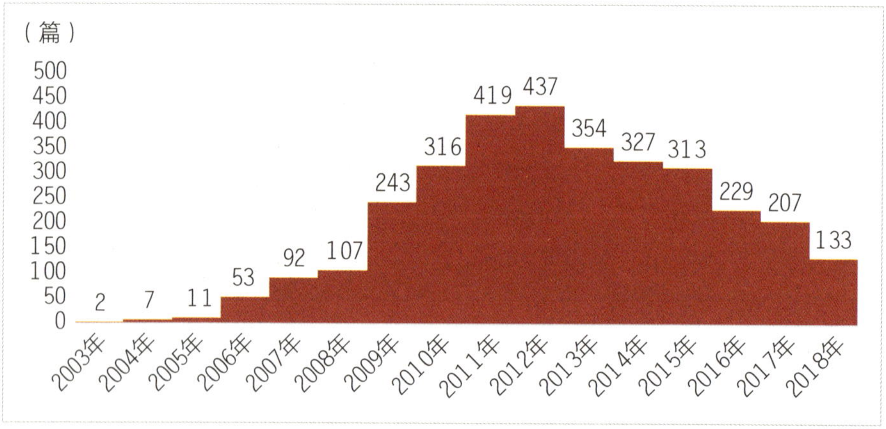

图8 思考研究文献数量

三、总结与启示

本文对国内期刊关于独立学院的研究文献成因、数量等进行综述，主要意图在于对独立学院研究的文献进行分类汇总，并进行研究比例的比较，以此来分析独立学院这一特殊办学形式随着政策的改变而引发的关注

① 瞿霞:《关于独立学院提升可持续竞争力的思考》，载《宁波大学学报(教育科学版)》2006年第6期。

② 徐仲安:《对独立学院发展的思考》，载《山西财经大学学报(高等教育版)》2007年第3期。

焦点迁移。

通过对独立学院研究方向的分析，我们将对于独立学院的研究范畴大致划分为对于独立学院的现状研究、管理研究、发展研究、改革研究、创新研究、思考研究等六大方面。其中包含了独立学院的发展模式、财务管理、党政管理、教学管理、学生管理、人事管理、后勤管理、校园管理、思政教育、教学、科研与师资队伍建设等诸多方面。其中，独立学院的教学研究、学生管理、人才培养模式、师资队伍建设是当前学界最为关注的主题，但我们依然发现其中甚少具有普遍性与可推广性的重大理论成果，特别是在众多独立学院共同面对的改制问题上，尤其是改制的形式，以及改制以后将会出现的问题等，在 CNKI 搜索中仅有 6 篇是专门关于此方面的研究。2016 年，国内独立学院的改制尘埃落定，独立学院或转设为民办高校，或回归母体，少数院校虽然名称不变，但在办学的性质上却出现了质的改变。独立学院作为特殊历史时期的产物，顺利地完成了历史使命，在全新的发展道路上，我们将持续关注，那些不同的选择，究竟会走向何方。

参考文献

1. 梁英：《台湾高等教育沿革简述》，载《高教探索》1985 年第 2 期。

2. 栾兰、王续琨、常东旭：《独立学院的现状分析和发展战略构想——基于波特竞争优势理论模型的思考》，载《教育科学》2010 年第 1 期。

3. 孙俊岭：《对民办高校异军突起的透视分析》，载《学术交流》2001 年第 2 期。

4. 卢德生、三江：《独立学院发展，将去何方？》，载《教育与职业》2007 年第 7 期。

5. 周国宝：《对独立学院办学模式的质疑及其辨析》，载《中国高教研究》2006 年第 5 期。

6. 邬大光:《投资办学——我国民办教育的本质特征》,载《浙江树人大学学报》2006年第6期。
7. 孟祥林:《民办高校教学过程问题分析与高效实施策略探索》,载《民办教育研究》2006年第3期。
8. 李林、杨天乐:《简论着力推进独立学院学生就业工作》,载《中国成人教育》2007年第5期。
9. 赵志华:《独立学院发展战略研究》,载《河北师范大学学报(教育科学版)》2010年第7期。
10. 高雁鸣:《独立学院教学管理模式探析》,载《北京理工大学学报(社会科学版)》2006年第6期。
11. 全力:《探索独立学院学生管理工作的新途径》,载《高等教育研究》2007年第6期。
12. 戴林富、游俊:《创新独立学院人才培养模式刍议》,载《中国高教研究》2006年第1期。
13. 罗正云、李娟:《新形势下独立学院学生思想政治工作的思考》,载《教育与职业》2006年第8期。
14. 钟云萍、徐茗臻:《独立学院图书馆的建设与发展对策》,载《职业时空》2006年第23期。
15. 张檪、华淑芳:《试论独立学院后勤管理与后勤服务之间的关系》,载《现代教育科学(高教研究)》2006年第1期。
16. 周兆农、刘春香:《关于独立学院师资队伍建设基本要素的分析》,载《黑龙江高教研究》2006年第1期。
17. 朱兰萍:《高校独立学院财务管理现状与对策》,载《教育财会研究》2006年第6期。
18. 李丹文、杨宏斌:《民办独立学院的人事管理新思路》,载《团结》2005年第6期。
19. 柴玉华、王俊凤、钟海燕:《独立学院实践教学改革的探索及对策》,载《东北农业大学学报(社会科学版)》2008年第1期。
20. 瞿霞:《关于独立学院提升可持续竞争力的思考》,载《宁波大学学报(教育科学版)》2006年第6期。
21. 徐仲安:《对独立学院发展的思考》,载《山西财经大学学报(高等教育版)》2007年第3期。

·发展篇·

独立学院政策的变迁与独立学院的发展

王少芳*

摘要：从政策变迁的视角来看，我国独立学院经历了20世纪90年代至2003年政策空窗期的自由发展，2003—2008年政策规范期的规范发展，2008—2016年政策过渡期独立学院的多样化发展的历程。本文在分析独立学院的前身二级学院在江浙的发展概况基础上，对事关独立学院发展走向的里程碑文件8号令和26号令的主要内容予以阐述，分析了独立学院政策出台后全国独立学院发展图景。

关键词：8号令　26号令　独立学院　发展历程

独立学院是我国高等教育大众化和市场化背景下产生的一种特殊高等教育机构，是“实施本科以上学历教育的普通高等学校与国家机构以外的社会组织或者个人合作，利用非国家财政性经费举办的实施本科学历教育的高等学校”。（26号令）以1992年创立的天津师范大学国际女子学院和1995年创立的四川师范大学电影电视学院为雏形，以1998年成立的苏州大学文正学院和1999年成立的宁波大学科学技术学院为标志[①]，在中央教育行政部门“允许试，不争论”的态度下，独立学院最初以这种民办二级

---

* 王少芳，女，北京体育大学教育学院副教授、博士。

① 王富伟：《独立学院的制度化困境——多重逻辑下的政策变迁》，载《北京大学教育评论》2012年第2期。

学院的形式快速发展起来。本文以国家颁布的独立学院政策为线索，分阶段呈现独立学院产生和发展历程，分析独立学院发展的基本状况，以期为了解独立学院发展史提供较为完整的图景。

一、政策空窗期独立学院的自由发展（1990—2003 年）

独立学院作为一种自下而上探索高等教育新的办学体制机制的产物，走的是一条“先发展再规范”的道路。也就是说，独立学院经过地方政府审批发展在前，中央出台政策规范在后，因此，2003 年中央出台针对独立学院政策之前，独立学院的发展处于相对自由期。

据相关统计，2003 年之前我国独立学院达到 300 多所。从地域上看，浙江创办 21 所（现有 22 所），江苏创办了 36 所（现有独立学院 25 所），江苏、浙江两地独立学院占这一时期全国独立学院总数近六分之一。从时间上看，江苏、浙江两省创办的独立学院集中创办于 1998—1999 年。“1998—1999 学年，江苏批准建立了 23 所国有民办二级学院”，浙江仅在 1999 年就创办了 14 所独立学院。

作为独立学院的前身，大量国有民办二级学院在 1999 年创设与当时亚洲金融危机有着直接关系。为了刺激危机后的经济疲软，中央采纳一位经济学家的意见，决定通过实施“扩招”拉动内需，1999 年高考招生计划急剧扩大了近 1 倍。[①] 当时，仅仅依靠各地现有的高校难以完成急剧增加的招生任务，而且地方公共财政也难以提供经费予以支持。独立学院前身民办二级学院的出现恰能满足高校扩招的需求。同时，经济疲软后一些不景气的私营企业将销售不出去的房产转投高等教育领域，这为民办二级学院在全国的迅速推广提供了重要的资源和政策支持。截至 2003 年，“浙江全省国有民办二级学院的招生和在校生数已分别达 2.95 万人、8.64 万人，占本科招生总数的 36.4%及在校生总数的 34.3%，新增的近一半本科招生

① 王富伟：《独立学院的制度化困境——多重逻辑下的政策变迁》，载《北京大学教育评论》2012 年第 2 期。

计划由二级学院完成”。[①] 江苏高校民办二级学院则达 36 所，在校生总数达 6.65 万人，占全省普通高校在校生总数的 7.74%。[②]

2003 年周济部长上任后，再次研究独立学院的问题，根据“教发〔2003〕8 号文件”的要求，对已经存在的 360 多所独立学院进行审查和登记备案，结果是取消了 100 多所，重新备案确认了 249 所。[③]

表 1　1990—2002 年江苏和浙江创办的独立学院名录

时间（年）	地区	独立学院名称	数量
1998	江苏	苏州大学文正学院、东南大学成贤学院、南京大学金陵学院	3
1999	江苏	中国矿业大学徐海学院、南京理工大学紫金学院、南京航空航天大学金城学院、南京工业大学浦江学院、南京师范大学中北学院、南京医科大学康达学院、南京中医药大学翰林学院、南京信息工程大学滨江学院、苏州大学应用技术学院、苏州科技学院天平学院、江苏大学京江学院、扬州大学广陵学院、江苏师范大学科文学院、南京邮电大学通达学院、南京财经大学红山学院、江苏科技大学南徐学院、常州大学怀德学院、南通大学杏林学院、南京审计学院金审学院	19
1999	浙江	宁波大学科学技术学院、中国计量学院育英学院（今现代科技学院）、浙江大学城市学院、浙江工业大学之江学院、杭州电子工业学院（今杭州电子科技大学）信息工程学院、温州医学院仁济学院、浙江财经学院东方学院、杭州商学院（今浙江工商大学）国际经贸学院、杭州师范学院（今杭州师范大学）钱江学院、浙江师范大学行知学院、湖州师范学院求真学院、杭州应用工程技术学院科技学院、浙江工程学院（今浙江理工大学）设计与艺术学院	13

① 周国平:《浙江省独立学院发展的动因、历程与基本经验》，载《教育发展研究》2009 年第 22 期。

② 周成平:《关于江苏高校民办二级学院建设与发展的思考及对策》，载《江苏教育学院学报（社会科学版）》2004 年第 3 期。

③ 李延保:《中国独立学院调查报告》，中山大学出版社 2013 年版，第 34 页。

续表

时间（年）	地区	独立学院名称	数量
2000	浙江	浙江中医学院（今浙江中医药大学）滨江学院、浙江海洋学院（今浙江海洋大学）东海科学技术学院、浙江林学院天目学院、温州师范学院（今温州大学）闽江学院、绍兴文理学院元培学院	5
2001	浙江	浙江大学宁波理工学院	1
2002	浙江	嘉兴学院南湖学院	1

二、政策启动期独立学院的规范发展（2003—2008年）

（一）8号令的出台背景和主要内容

以江苏、浙江为代表的国有民办二级学院的蓬勃发展，通过创新我国高等教育办学体制机制，有效地扩大了高等教育资源和高等教育规模，适应了我国高等教育大众化的需要，一定程度上满足了人民群众对高等教育尤其是本科教育的需求。但是作为我国高等教育领域的新生事物，独立学院在逐步发展和成熟的过程中无可避免地存在一些问题急需规范和理清。针对社会各界和专家对独立学院的不同看法，教育部曾多次派出相关的调查组，了解情况，形成了两份调查报告。报告在肯定独立学院扩大了教育资源和机会、发展了教育生产力之外，提出独立学院存在的问题有："有关管理政策和法规空白；存在违法和违规办学行为；合作办学的各方面面临一定的法律和政策风险；异地办学、文凭发放等正在探索和实践的问题，宏观管理上也可预见一定的风险"；"文凭的发放还处于两难境地；法人地位不清；办学的边界条件不明确。"①

时任教育部长周济将独立学院试办过程中的问题总结为：一是很多高

① 康宁:《中国经济转型中高等教育资源配置的制度创新》，教育科学出版社2005年版，第282、293页。

校在校内举办了所谓的“二级学院”，这种“校中校”，本质上是变相地搞收费“双轨制”，这不仅违反国家现行高校收费政策，而且有悖教育公平；二是颁发学历证书的政策不统一，有的学校以独立学院的名义颁发，有的以校本部的名义颁发，招生宣传不明确，容易在社会上造成混乱，影响教育公平；三是法人、产权等重大法律关系问题不明确，合作办学各方面临一定的法律和政策风险，一旦发生民事责任和债权债务纠纷，将给普通高校带来很大的麻烦。[①] 独立学院存在的这些问题急需规范，相关政策需要尽快加以明确。《关于规范并加强普通高校以新的机制和模式试办独立学院管理的若干意见》（教发〔2003〕8号）是在这样的背景下出台的。

8号令首次提出“独立学院”的概念，指出独立学院是“专指由普通本科高校按新机制、新模式举办的本科层次的二级学院。一些普通本科高校按公办机制和模式建立的二级学院、‘分校’或其他类似的二级办学机构不属此范畴”。可以说，8号令将公办学校以公办机制举办的校中校或二级学院将不再纳入独立学院的范畴。除给“独立学院”定名之外，8号令还规定试办独立学院要一律采用民办机制，应具有独立的校园和基本办学设施，实施相对独立的教学组织和管理，独立进行招生，独立颁发学历证书，独立进行财务核算，应具有独立法人资格，能独立承担民事责任等，明确了独立学院的设置标准。此外，为保证独立学院的办学质量，8号令对独立学院的校园占地面积、教学行政用房建筑面积、教学仪器和图书、教师队伍等均提出了基本要求。总的来说，8号令充分反映了教育部对独立学院的“优”“独”“民”的政策安排。

（二）贯彻落实“8号文件”的配套措施

为了保证8号令的贯彻落实，教育部先后颁布了一系列规范文件，从独立学院的确认、独立学院办学条件和教学工作专项检查、独立学院招生管理等方面加强对独立学院的管理，促进了独立学院的健康有序发展。

---

① 周济:《促进高校独立学院持续健康快速发展》，载《中国高等教育》2003年第13—14期。

2003 年 8 月，教育部下发的《关于对各地批准试办的独立学院进行检查清理和重新报批工作的通知》（教发函〔2003〕247 号），要求省级人民政府或省级教育行政部门对已经批准试办的独立学院（包括原批准举办的民办二级学院及其他实行民办运作机制的普通高校的二级办学机构）逐校进行检查。检查的重点看其是否符合 8 号令的规定，对不符合的学校坚决停办，对暂不符合的学校要求限期整改；对符合 8 号令的学校重新报批。经过此次对全国各地和各高校举办的民办二级学院的清理整顿，最后取消了 100 多所，重新备案最终确认了 249 所。①

2004 年 11 月，教育部又下发《关于对独立学院办学条件和教学工作开展专项检查的通知》（教高〔2004〕21 号），计划从 2004 年 12 月到 2005 年 2 月重点检查独立学院的基本办学条件、招生情况和教学工作。② 2005 年 3 月，《教育部关于独立学院办学条件教学工作专项检查情况及有关问题的通报》（教发〔2005〕5 号）对教育部主导下历时三个多月的专项检查工作进行了通报。通报在总体上肯定独立学院发展状况，同时指出仍有一些独立学院的申办方和投资方未尽职责，一些独立学院的办学条件不达标，个别地方“校中校”和“双轨制”问题仍然存在。同时还查实，2004 年湖北地区的 7 所独立学院③违反国家有关规定，擅自举办“学分制本科试点班”，违规招生、乱收费，甚至委托中介机构不通过招生管理部门进行招生活动。为此教育部责成湖北省教育厅对这七所独立学院采取减少招生计划等有效措施进行整改。同时，教育部加强对独立学院的教学条件的审查和管理。2006 年，《关于对普通高校、独立学院办学条件等有关问题核查情况的通报》（教发厅〔2006〕2 号）对完全靠租赁土地和教学行政用房办学的 6 所独立学院，对自有土地、教学行政用房均不达标的 5 所独立

---

① 刘凤泰：《从专项检查看独立学院的生成与发展》，载《中国高等教育》2005 年第 17 期。

② http://www.moe.edu.cn/s78/A08/s7056/201410/t20141021_178098.html.

③ 这七所独立学院分别为中南民族大学工商学院、华中师范大学汉口分校、武汉大学东湖分校、湖北工业大学商贸学院、武汉工业学院工商学院、中南财经政法大学武汉学院和华中师范大学武汉影视工程学院。

学院，及自有土地或教学行政用房不达标的33所独立学院在招生方面予以限制，对资产未过户到独立学院名下的189所独立学院，对因统计报表填报错误或因计入中等职业教育在校生规模而导致了办学条件达不到有关规定要求的77所普通高校、独立学院进行了通报批评①。

（三）8号令出台后独立学院的发展状况

据2007年统计，全国共有独立学院318所，在校生186.6万人，占全国民办高等教育在校生总数的53.4%；其中，独立学院本科在校生165.7万人，占全国民办本科高等教育在校生总数的88.7%。

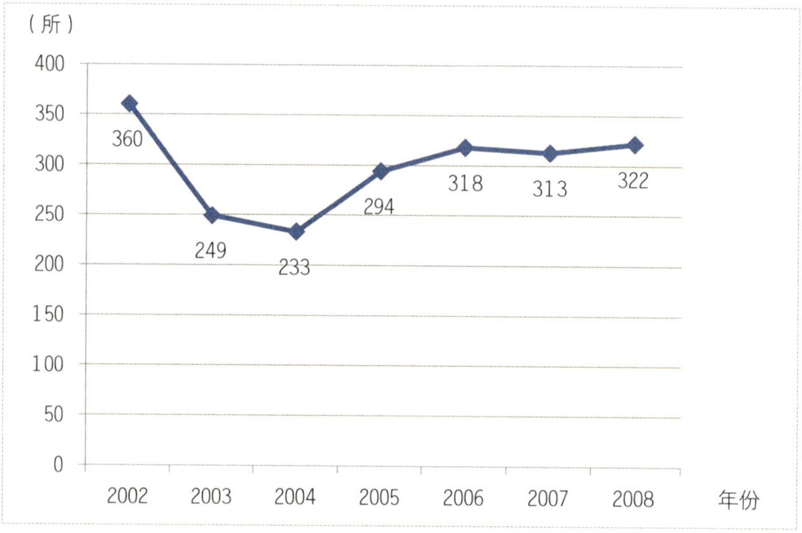

图1　2002—2008年独立学院数量②

数据来源：根据教育部发布的历年教育统计数据整理。

三、政策过渡期独立学院的多样化发展（2008—2013年）

（一）26号令的出台背景和主要内容

独立学院作为一种新型的办学体制和机制，满足了高等教育大众化的

---

① http://www.moe.gov.cn/s78/A03/ghs_left/moe_636/s3012/201006/t20100608_88947.html.

② 李鹏虎：《中国特色的社会办学——独立学院发展分析》，载《重庆高教研究》2014年第2期。

需求之余，其在办学中存在的问题也日益突出，即使在8号令发布之后，仍然出现了上述提到的湖北大面积违规招生现象。为了规范独立学院发展的混乱现象，2006年9月，教育部《关于“十一五”期间普通高等学校设置工作的意见》首次提出，独立学院视需要和条件按普通高等学校设置程序可以逐步转设为独立建制的民办普通高等学校。随后，2006年12月，国务院办公厅下发《关于加强民办高校规范管理引导民办高等教育健康发展的通知》、教育部2007年发布《民办高等学校办学管理若干规定》，对民办高等教育资产过户、法人财产权、治理结构作出了规定。2008年，教育部出台的《独立学院设置与管理办法》①（以下简称26号令）以上述政策为基础，从独立学院的定位、设立标准、组织和活动、管理与监督、变更与终止方面对独立学院作出了较为全面的规定，为新时期独立学院的发展指明了方向。现将26号令的主要内容分述如下：

第一，明确了独立学院是民办高等教育的重要组成部分，属于公益性事业。独立学院自产生之初就面临着到底为公办还是民办的属性问题。8号令提出“试办独立学院要一律采用民办机制”，但对独立学院的身份属性问题还未正面予以回答。26号令正式以法规的形式明确了独立学院是属于民办高等教育，因此依法享有民办教育促进法、民办教育促进法实施条例规定的各项奖励与扶持政策。这从根本上消除了对独立学院的模糊认识，为独立学院的健康发展提供了法律依据。

第二，提高了独立学院的设立标准（详见表2）。（1）明确了参与举办独立学院的普通高校一般应具有博士学位授予权，比8号令中的“办学质量高”“办学条件好”的表述更加清晰，可操作，提高了申请者的标准和要求。（2）明确了参与举办的社会组织和个人的总资产、净资产和负债率等具体数值。

---

① 王建华指出，2008年出台的《办法》其很多内容都是以2007年《若干规定》为基础，很多条款上《办法》和《若干规定》都如出一辙。参见王建华:《独立学院五年过渡期政策述评》，载《教育发展研究》2013年第5期。

表2　8号令和26号令关于独立学院的设立标准对比表

<table>
<tr><th>项目</th><th>8号令</th><th>26号令</th></tr>
<tr><td>申请者</td><td>要优先支持办学质量高、办学条件好的普通本科高校试办独立学院</td><td>一般应具有博士学位授予权</td></tr>
<tr><td>合作者</td><td>企业、事业单位，社会团体或个人，也可以是其他有合作能力的机构</td><td>注册资金不低于5000万元，总资产不少于3亿元，净资产不少于1.2亿元，资产负债率低于60%</td></tr>
<tr><td>校园占地面积/校园规划占地面积</td><td>150亩/300亩</td><td rowspan="4">按照普通高等学校设置标准，如学院建校初期的校园占地面积应达到500亩以上</td></tr>
<tr><td>教学行政用房建筑面积</td><td>4万平方米</td></tr>
<tr><td>教学仪器设备总值</td><td>1000万元</td></tr>
<tr><td>图书</td><td>4万册</td></tr>
<tr><td>专任教师队伍</td><td>不少于100人、聘期一学年以上的，具有副高级以上职称的比例应不低于30%</td><td>称为学院的在建校初期专任教师总数不少于280人。专任教师中具有研究生学历的教师数占专任教师总数的比例应不低于30%，具有副高级专业技术职务以上的专任教师人数一般应不低于专任教师总数的30%</td></tr>
</table>

第三，明确了独立学院的资产过户要求。资产过户上，26号令明确要求独立学院举办者的出资须经依法验资，于筹设期内过户到独立学院名下。规定自办法施行之日起1年内完成过户工作。这是落实学校法人财产权的基本要求，对保障独立学院的正常运转，防范办学风险，保障各方利益具有重要意义。

第四，明确了普通高等学校投入办学的无形资产，应当依法作价纳入办学总投入。从法理上真正体现了合作办学。

第五，明确了独立学院内外部管理体制和机构设置。内部管理体制上，要求独立学院设立理事会或董事会作为决策机构，并对董事会的人员组成、职责和运行规则进行了规定。外部管理体制上，明确了教育部和省级教育行政部门的管理职责。

第六，明确了独立学院各方的有关权益。26 号令明确了参与举办独立学院的普通高校、社会组织或个人以及学生的权益。如对参与举办独立学院的普通高等学校，通过将其无形资产纳入办学总投入、董事会中的代表不少于五分之二、对独立学院院长享有优先推荐权等方式，保证了其可以从办学结余中取得合理回报以及对独立学院一定的指导和管理权。

为了保障 26 号令的顺利实施，教育部《关于独立学院设置与管理办法的工作说明》中明确了独立学院五年过渡期政策：（1）基本符合《办法》要求的，由省级教育行政部门向教育部提出考察验收申请，教育部组织考察验收，并对考察验收合格的独立学院核发办学许可证。（2）符合普通本科高等学校设置标准的，可申请转设民办高等学校，颁发民办教育办学许可证。（3）既不申请考察验收，也不申请转设民办高等学校的，可继续教育教学活动，但必须按照《办法》的要求，规范体制机制，充实办学条件，在保证教育质量的前提下，有序地做好报请验收或申请转设工作，过渡期结束后，严格按照《办法》的要求办理。

（二）26 号令实施后独立学院的发展状况

1. 独立学院数量逐年下降，但仍是我国本科教育的重要组成部分

从图 2 可以看出，自 2008 年全国独立学院的数量逐年下降，至 2016 年独立学院数量降至 266 所。各地实施 26 号令，部分独立学院转设为民办高等学校是造成独立学院数量下降的直接原因。

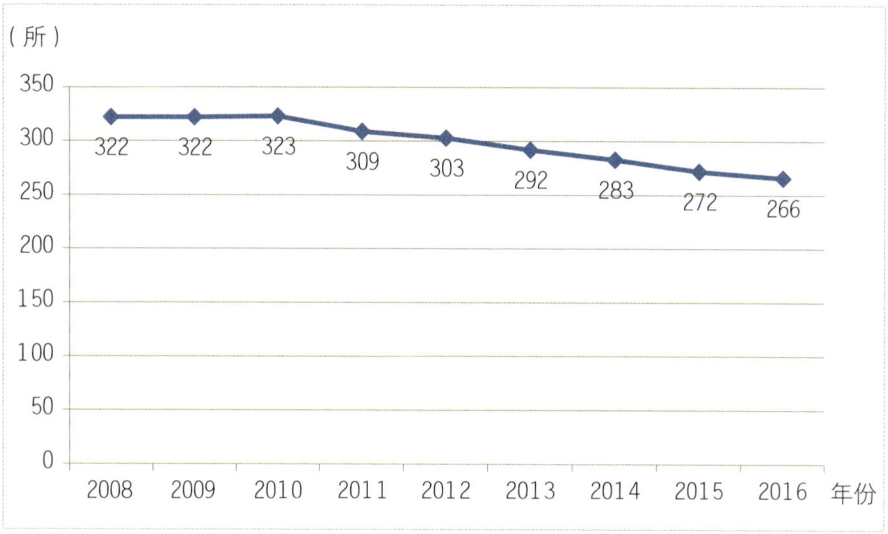

图 2　2008—2016 年独立学院数量

数据来源：根据教育部发布的历年教育统计数据整理。

从全国本科高校的视角而论，2008—2016 年，全国本科院校从 2008 年的 1079 所增长到 2016 年的 1237 所，增长率达 14.6%。全国民办本科学校从 2008 年的 369 所增长到 2016 年的 424 所，增幅略高于本科院校数量，达到 14.9%。由于本科院校、民办本科院校的逐年稳步增长和独立学院数量的逐年下降，独立学院占本科院校和民办本科院校的比例逐年呈下降趋势。2008 年，全国本科院校中“三分天下”，独立学院占一份。经历 26 号令对独立学院的规范，到 2016 年，独立学院占比下降超过 8 个百分点，占全国本科院校的五分之一多。独立学院作为民办高等教育的重要组成部分，虽然占比下降了 20 个百分点，但到 2016 年独立学院仍然是民办本科高等教育的重要组成部分，占比 62.7%（详见表 3）。所以说，独立学院在满足我国人民群众对本科教育的需求上发挥了重要作用。

表3 2008—2016年独立学院占本科院校、民办高校比例一览表

年份	2008	2009	2010	2011	2012	2013	2014	2015	2016
独立学院	322	322	323	309	303	292	283	275	266
民办本科	369	370	371	388	390	392	420	423	424
本科院校	1079	1090	1112	1129	1145	1170	1202	1219	1237
独立学院占本科院校比	29.8%	29.5%	29.0%	27.4%	26.5%	25.0%	23.5%	22.6%	21.4%
独立学院占民办本科比	87.3%	87.0%	87.0%	79.6%	77.7%	74.5%	67.3%	65.0%	62.7%

资料来源：根据教育部网站公布的历年教育统计数据整理计算而成。

2. 江苏省成为我国独立学院数量最多的省，东部独立学院总数仍是第一，部分省份独立学院数量呈负增长

截至2014年全国独立学院共283所。从独立学院省域分布情况来看（详见图3），江苏、湖北、浙江三省的独立学院数量最多，分别有25所、24所和22所，三省独立学院合计占全国独立学院的四分之一。江苏省超越湖北省成为独立学院最多的省，这与2008年教育部出台26号令独立学院转设民办高校有直接关系。2008年，湖北省以31所独立学院长期占据独立学院省份排名的榜首。2008年26号令颁布之后，随着五年过渡期政策的推行，湖北一些独立学院先后转设为民办普通高等学校，因此独立学院的数量相应下降至2014年的24所。江苏省作为独立学院的发源地，2008年独立学院26所。因地理、历史等因素影响，独立学院转设的数量极少，截至2014年仅有一所独立学校转设为民办高校，因之成为目前全国省份中独立学院最多的省份。西藏一直无独立学院，海南仅有的一所独立学院海南大学三亚学院，2012年经教育部批准转设为三亚学院，因此目

前全国省份中西藏和海南独立学院为零。

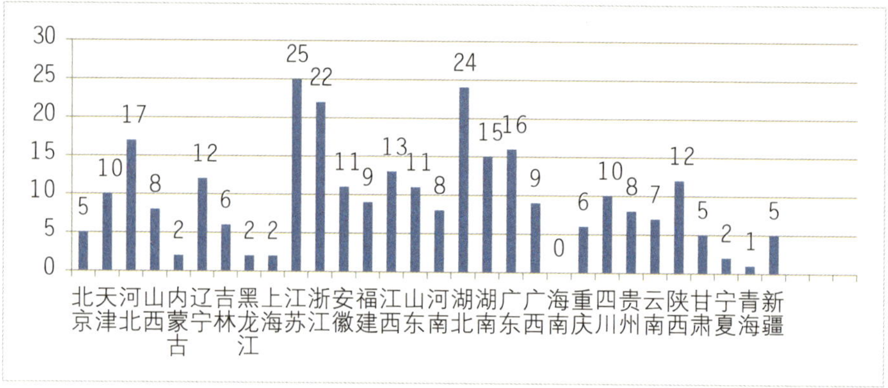

图 3　2014 年各省份独立学院分布状况

资料来源：根据教育部网上公布的 2014 年独立学院名单整理。

从 2008 年至 2014 年各省份独立学院数量来看（见表 4），全国各省份独立学院处于整体压缩期，各省份独立学院非负增长即零增长。具体来说，可分为以北京为代表的零增长型，此类省份共计 17 个，占拥有独立学院省份（30 个）的 57%；以黑龙江为代表的极度负增长型，此类省份独立学院减少数量占本省原有独立学院总数的 40% 以上，包括辽宁、吉林、上海、海南等；以湖北为代表的低速负增长型，此类省份包括河北、河南、山东、广东、重庆、四川、江苏等共计 8 个，占所有省份的 27%。

表 4　2008—2014 年各省份独立学院数量及增长量一览表

省份	2008 年（所）	2014 年（所）	增长量	省份	2008 年（所）	2014 年（所）	增长量
北京	5	5	0	新疆	5	5	0
天津	10	10	0	青海	1	1	0
山西	8	8	0	河北	18	17	-1
内蒙古	2	2	0	辽宁	23	12	-11
浙江	22	22	0	吉林	11	6	-5

续表

省份	2008年（所）	2014年（所）	增长量	省份	2008年（所）	2014年（所）	增长量
安徽	11	11	0	黑龙江	9	2	-7
福建	9	9	0	上海	5	2	-3
江西	13	13	0	江苏	26	25	-1
湖南	15	15	0	山东	12	11	-1
广西	9	9	0	河南	10	8	-2
贵州	8	8	0	湖北	31	24	-7
云南	7	7	0	广东	17	16	-1
陕西	12	12	0	海南	1	0	-1
甘肃	5	5	0	重庆	7	6	-1
宁夏	2	2	0	四川	12	10	-2

资料来源：根据教育部网上公布的2008年、2014年独立学院名单整理。①

3. 独立学院的区域差距依然明显

从三大区域来看，东部独立学院最多（129所），占全国独立学院总数的45%，中部地区独立学院87所，占比31%，西部地区独立学院67所，占比24%。

① 独立学院名单（截至2008年5月），http://www.moe.edu.cn/s78/A08/s7056/201410/t20141021_178098.html；独立学院名单（截至2014年6月18日），http://www.moe.gov.cn/s78/A03/ghs_left/moe_634/201010/t20101019_109693.html.

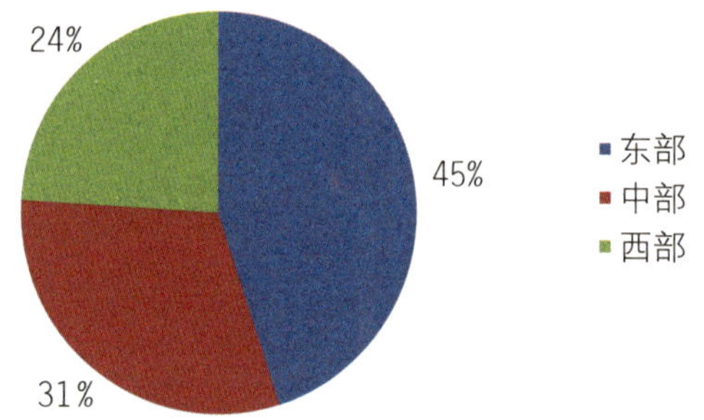

图 4　2014 年独立学院三大区域分布图

资料来源：根据教育部在网上公布的 2014 年独立学院名单整理。

东、中、西三大区域的划分：

东部地区：京、津、冀、辽、沪、苏、浙、闽、鲁、粤、琼共 11 个省市。

中部地区：晋、皖、赣、豫、鄂、湘、吉、黑共 8 个省。

西部地区：蒙、桂、渝、川、贵、云、陕、甘、青、宁、新共 11 个省区市。

4. 独立学院的师资结构日趋优化

（1）高级职称专任教师趋于稳定、中级职称专任教师比例快速增长，初级及以下职称教师减幅明显

从 2008 年到 2017 年的总体趋势来看，独立学院专任教师数量经过先增后降的发展之后，2017 年与 2008 年相比，所有的职称系列专任教师数量都实现了增长，2008 年独立学院高级、中级和初级职称专任教师分别占 37%、32%、31%。2017 年中级和初级职称所占比例发生明显变化，形成了 37%、41% 和 22% 的格局（见图 5）。可以看出，经过几年的发展，独立学院的中高级职称的专任教师队伍越来越壮大，两者合计占专任教师的近五分之四，为独立学院的教学质量提供了师资保障。

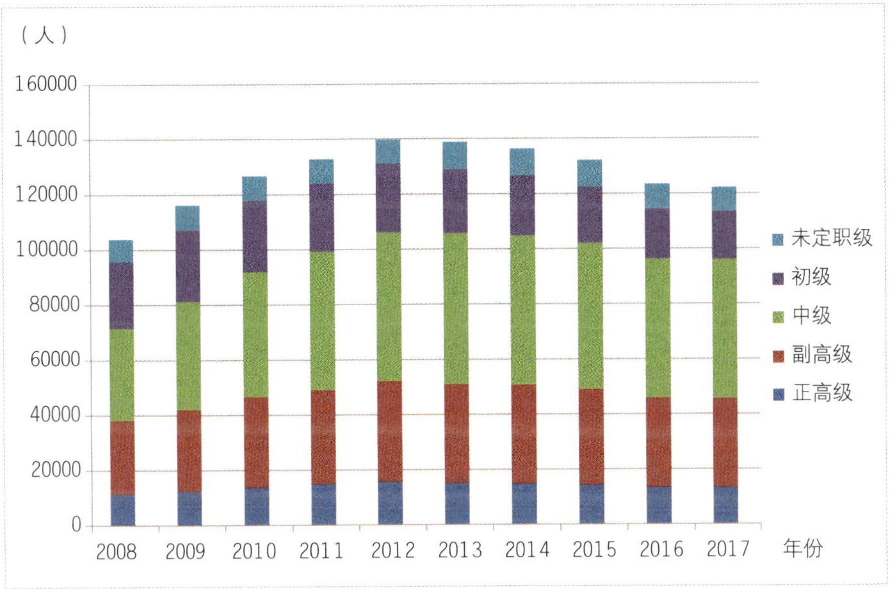

图 5 2008—2017 年独立学院专任教师职称变化图

资料来源：根据教育部网站公布的历年教育统计数据整理而成。

（2）女教工和女专任教师数量先升后降，但女教工和女专任教师占教工和专任教师总数的比例稳步增长

2008 年，独立学院女教职工人数 69900 人，占独立学院全体教职工人数的 47.75%，独立学院女专任教师数 49300 人，占独立学院专任教师总数的 47.5%。到 2012 年，独立学院女教职工人数和专任教师人数从数量上达到了这一阶段的最高值 93695 人和 68779 人，占比也分别提高至 49.52% 和 49.3%。2016 年，独立学院女教工和女专任教师数量为 85104 人和 63257 人，比 2012 年明显下降但高于 2008 年数值，且占比仍在继续提高，分别占 51.61% 和 51.3%（见图 6）。

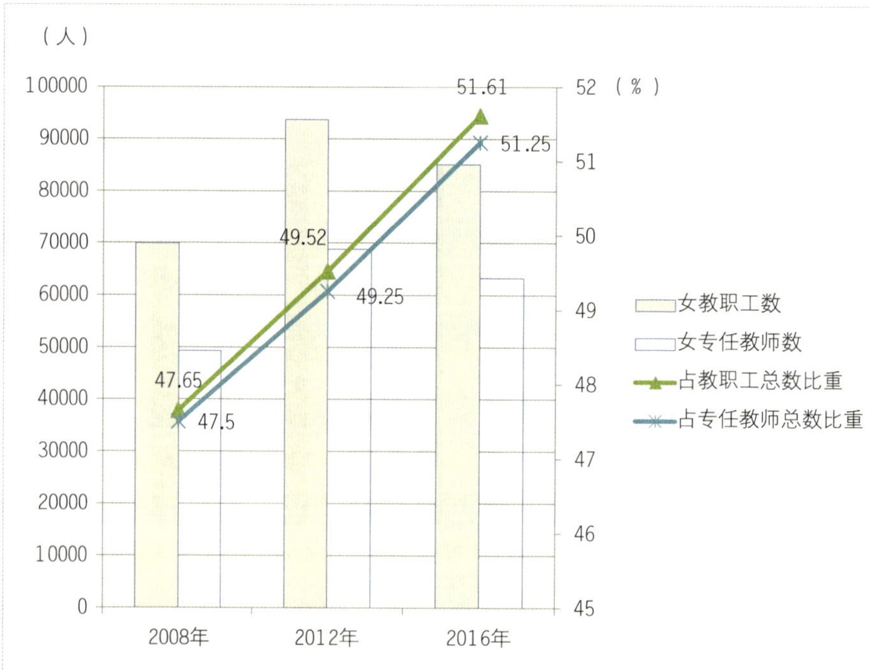

图 6　2008 年、2012 年、2016 年独立学院女教工和女专任教师数及所占比例

数据来源：根据教育部网站公布的历年教育统计数据整理而成。

（3）少数民族教职工和专任教师数量不断增加，占比稳步提高

2008 年、2012 年、2016 年独立学院少数民族教职工数量分别为 4900 人、7195 人、7249 人，分别占同年独立学院教职工总数的 3.34%、3.80%、4.40%。2008 年、2012 年、2016 年独立学院少数民族专任教师数量分别为 3100 人、4836 人、4876 人，分别占同年独立学院专任教师总数的 2.99%、3.46%、3.95%（见图 7）。

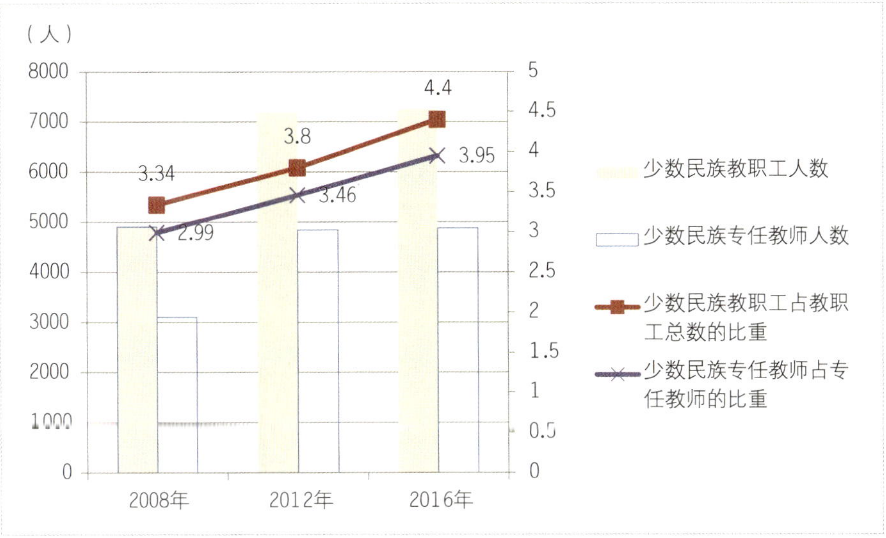

图 7　2008 年、2012 年、2016 年独立学院少数民族教工、专任教师数及所占比例

数据来源：根据教育部网站公布的历年教育统计数据整理。

5. 独立学院招生规模和在校生规模总体下降，但省份差距明显

2008—2016 年，全国独立学院的招生数和在校生数呈先增后减的趋势。以 2012 年为分水岭，2008—2012 年独立学院的招生数和在校生数总体上一直在增长。2008 年，独立学院招生数和在校生数分别为 64.99 万人和 214.86 万人。2012 年，独立学院招生数比 2008 年增加 10 万多人，达到 75.7 万人，占全国普通高校本专科招生数的 10.99%，独立学院在校生数比 2008 年增加 60 多万人，达到 278.4 万人，占全国普通本专科在校生总数的 11.6%。2012 年之后，独立学院招生和在校生规模逐年下降。至 2016 年，独立学院招生数 61.9 万人，占全国普通高校本专科招生数的 8.27%，独立学院在校生数 247.2 万人，占全国普通本专科在校生总数的 9.17%。可以看出，从 2012—2016 年独立学院的招生数和在校生数占全国的比例都下降了 2.5 个百分点。

独立学院招生规模负增长率在 2016 年有所缓和，2015 年独立学院招生数与前一年相比负增长 2.81%，2016 年与 2015 年相比负增长 2.15%。与

招生数相比，独立学院的在校生增长率持续走低，2015 年独立学院在校生人数与前一年相比负增长 3.58%，而 2016 年与 2015 年相比独立学院在校生人数负增长达 4.7%（见图 8）。

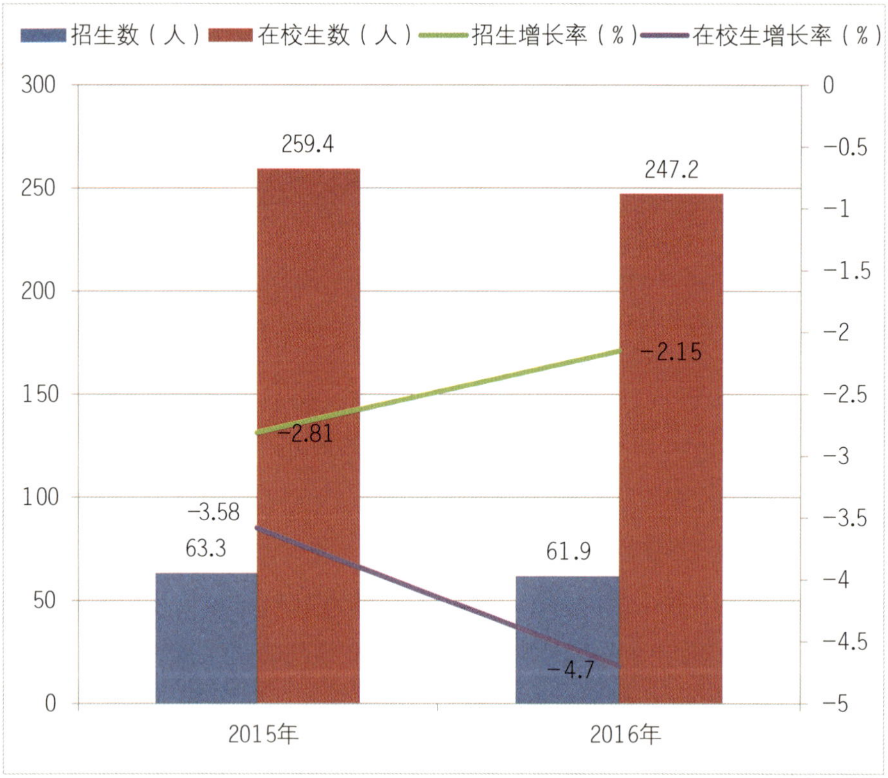

图 8　2015 年、2016 年独立学院招生及在校生规模及增长率

独立学院招生数和在校生数及增长率省份差距明显。

从招生数来看，2016 年，广东以 7 万多人排名第一，其次为江苏、四川、河北、浙江。这些省份 2016 年度招生数均在 3 万人以上。独立学院招生数最少的省份是黑龙江、青海、宁夏、内蒙古和上海，招生人数均在 5000 人以下。

从招生数增长率来看，全国 29 个设有独立学院的省份中，16 个省份独立学院招生数呈正增长，增长率在 10% 以上的省份分别是贵州

(28.86%)、江西(19.13%)、四川(13.86%)、上海(11.91%)。13个省份的独立学院招生数呈负增长，从高到低依次为河南(-38.69%)、湖北(-13.76%)、辽宁(-12.83%)、安徽(-11.78%)、河北(-11.58%)、浙江(-9.38%)、福建(-6.56%)、湖南(-4.36%)、宁夏(-3.85%)、北京(-3.36%)、陕西(-2.54%)、广东(-1.78%)、甘肃(-0.28%)(见图9)。

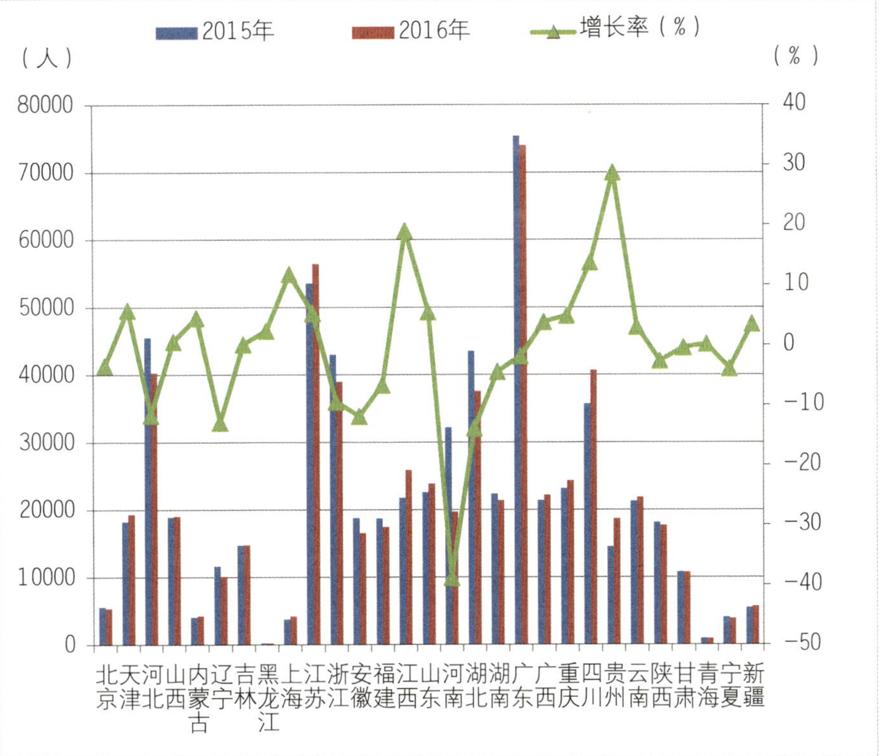

图9　2015—2016年各省份独立学院招生数及增长率

资料来源：教育部发展规划司：2015年、2016年全国教育事业简明统计分析(内部资料)。

从在校生数来看，位居前五位的省份是广东、江苏、河北、浙江、湖北，与招生数省份排名基本一致。例外的是四川从招生数看位于全国第三，而在校生数排位第六。2016年这些省份独立学院在校生人数均在14万人以上。独立学院在校生人数排位后五位的依次是黑龙江、青海、上海、内蒙古、宁夏。其中，黑龙江和青海的独立学院在校生人数均低于5000人，其他省份都在16000人以下。从中可以看出，独立学院在校生人数的省份差距之大，排名后五位的省份在校生人数是排名前五位省份在校生人数的约十分之一。

从在校生增长率来看，大多数省份独立学院在校生增长率为负。河南、湖北、安徽、黑龙江、辽宁、陕西、湖南、河北、甘肃、浙江、北京、福建、山西、宁夏、吉林和四川等16个省份呈负增长，比独立学院招生数负增长省份多3个。内蒙古、贵州、上海和江苏则保持正增长，增长率均在4%以上（见图10）。

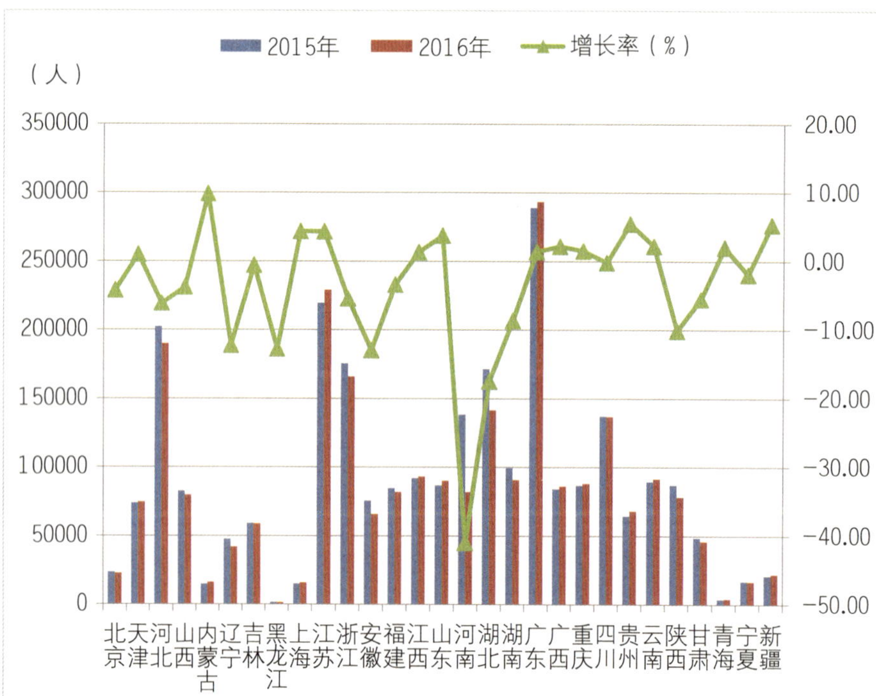

图10　2015—2016年各省份独立学院在校生人数及增长率

资料来源：教育部发展规划司：2015年、2016年全国教育事业简明统计分析（内部资料）。

独立学院的发展模式与特征

王少芳*

摘要：根据独立学院的举办方和合作者以及独立学院转型发展的新趋势，独立学院的发展模式可划分为校中校模式、校企合作模式、校政合作模式、政校企合作模式、中外合作办学模式、迁址办学和转设办学模式。独立学院自产生发展至今，呈现出从自由摸索到政策规范，由东部沿海地区向中西部地区发展，由外延式扩张向注重内涵式发展等发展特征。

关键词：发展模式　发展特征　校中校　迁址办学　转设办学

独立学院作为我国教育大众化发展的产物，是我国在确立了社会主义市场经济体制，中国高等教育管理体制“分权”改革不断推进，地方政府和高校有了更多的办学自主权的背景下产生的新型高等教育机构。从20世纪90年代独立学院的前身国有民办二级学院诞生以来，独立学院已经在我国走过了近三十年的历程。独立学院在满足人民群众接受优质高等教育的需求，整合社会资源进入高等教育、弥补我国高等教育投入不足，优化和调整我国高等教育结构和布局等方面均起到了积极作用。本文拟根据独立学院发展历程，着重分析独立学院的发展模式和特征，以期从多角度丰富对独立学院的认识。

* 王少芳，女，北京体育大学教育学院副教授、博士。

一、独立学院的发展模式

对于独立学院的发展模式，学界有不同的划分标准。根据经费来源的不同，独立学院可分为政校企合作模式、兼并与改制模式、校企合作模式。按照产权归属，独立学院可分为单一国有型、完全民办型和混合型。按照投资渠道和合作方式的不同，可以分为“公办高校＋民营企业”模式，“公办高校＋地方政府＋企业模式”，“公办高校＋异地政府”模式。① 本文主要根据独立学院的举办方和合作者以及独立学院转型发展的新趋势，将独立学院的发展模式划分为校中校模式、校企合作模式、校政合作模式、政校企合作模式、中外合作办学模式、迁址办学和转设办学模式。

（一）校中校模式

校中校模式又被称为内生型模式。此类独立学院由普通高校独家出资、自主设置。由于这类二级学院设置在母体高校之内，是母体高校利用已有的土地和设施，通过向银行贷款筹办起来的，因此称之为校中校模式或内生型模式。全国有相当数量的独立学院是公办高校在没有合作者参与的情况下自己筹集资源办起来的。比如我国独立学院的先发地浙江省，22所独立学院中16所是公办高校自己举办的，湖北省31所独立学院中15所是公办高校自己举办的②。此类校中校模式分别占到各自省份独立学院总数的73%、48%，其占比之高可见一斑。“校中校”模式的代表学校有宁波大学科学技术学院等。宁波大学科学技术学院成立于1999年，由浙江省人民政府批准宁波大学以西校区原宁波师范学院土地、校舍与资产置换，筹措社会资金兴办。宁波大学科学技术学院成立后，浙江省其他高校参照这一办学模式，纷纷成立国有民办二级学院。2003年教育部8号令颁布后，宁波大学科学技术学院于2004年11月经教育部确认为浙江省首批独立学院。

---

① 费坚：《中国独立学院发展的战略审视》，江苏人民出版社2015年版，第114页。

② 冯向东：《处在“十字路口”的独立学院》，载《高等教育研究》2011年第6期。

此类独立学院，从资产属性上看，学校的资产属国家所有。从运行机制上看，按民办高校的运行机制进行管理，学费标准由政府物价部门审批限定，招生指标、招生录取分数线都由教育行政部门确定分配。学校按教育成本收取学费，国家不再投入。独立学院共享母体高校的部分师资，并把学费收入的一部分上缴母体高校，作为土地、校舍、师资等办学资源的使用费。从管理体制上看，在内部运行、人事管理、干部任免、办学理念、办学基础等方面都与母体普通公办高校有着很大的相似性。总的来说，此类模式下，母体高校对独立学院具有相对完整的控制权，便于学校对独立学院的领导和管理，从一定程度上保证了独立学院办学理念和办学质量，但其缺点是缺乏广泛的社会力量参与，独立学院难以真正获得“独立”，成为独立的法人代表，同时校中校模式易被社会质疑。

（二）校企合作模式

校企合作模式是指由普通高校与企业共同投资创立。一般由企业集团直接投资，负责办学所需硬件建设，包括校园设施、设备和后勤设施建设等。高校负责教学、管理、师资等。山西大学商务学院就是由山西大学、山西省供销社、山西供销学校联合举办的独立学院，该校成立于 2001 年 3 月，学院的土地、部分校舍及教学科研办公设备由山西省供销社承担。学院教学管理、师资选派、教学质量监管与保证等软件由山西大学投入。学院具有独立校区，独立教学，独立财务管理。如果说校中校模式是独立学院产生之初普遍采用的模式的话，2003 年教育部 8 号令发布后，很多校中校模式纷纷与企业合作以达到 8 号令的要求，校企合作模式遂成为独立学院的主要发展模式。

校企合作模式中双方基于协议明确了各自的职责、权利和利益关系，企业可借助于公办高校积累的办学声望和资源从对高等教育的投资中获得长期的教育投资回报，高校可以充分利用企业提供的资金，弥补自身建设资金的不足，增加教育资源供给，实现高校自身的扩张和发展。这一模式可能带来的问题是企业的逐利性和高等教育公益性之间的矛盾，进而对校企合作实现双赢的模式产生不利的影响。

（三）校政合作模式

校政合作模式是由公立高等学校和地方政府合作共同建立独立学院的模式。这一模式的产生与高等教育在地方经济社会发展中的先导性和基础性作用有密切关系。地方高校通过培养当地社会、经济发展需要的人才，以及高校师生员工带来的消费有力地推动地方经济和社会发展。1999年国家高校实行扩招之际，一些有远见的地方政府抓住这一难得的机遇，利用国家政策给予的空间与知名高校合作举办独立学院，扩展了当地高等教育规模，满足了当地人民群众对高等教育资源的需求。校政合作模式有代表性的独立学院有北京师范大学珠海分校、南京师范大学泰州学院。

北京师范大学珠海分校，是由北京师范大学和珠海市人民政府合作举办，其前身是成立于2001年北京师范大学珠海教育园区。2003年，经教育部批复正式更名为北京师范大学珠海分校。北京师范大学向珠海分校派出经验丰富的管理干部和教师，负责分校的行政和教育教学管理工作。南京师范大学泰州学院，成立于2004年6月，由南京师范大学和泰州市人民政府组建。学院实行董事会领导下的院长负责制，董事长由泰州市人民政府分管教育的副市长担任，副董事长由南京师范大学的副校长担任。

校政合作模式中，因为政府的参与，独立学院在办学过程中的土地、资金和师资聘任上，可以直接享受政府给予的各种优惠政策和支持。同时这一模式的独立学院可以充分利用母体高校形成的办学声誉、教学管理经验和专业师资，有利于保障独立学院的办学质量并吸引生源。这一模式的缺点是由于政府的参与，可能存在干预过多的风险，使独立学院难以真正成为按民办机制办学的“独立”机构，再次回归“公办二级学院”。

（四）政校企合作模式

政校企合作模式是由地方政府、普通高校和企业共同创办独立学院的模式。这一模式中的政府、高校和企业通常有相对固定的分工。地方政府一般出资或出地，或给予政策扶持；高校主要以自身的品牌为基础，输出师资和教学管理经验；企业主要负责投资，并参与学院的管理。这一模式主要集中于经济发达地区，如同济大学浙江学院即是民营企业、地方政府和高校合作办学的典型代表。该学院位于浙江省的嘉兴市，由宏达控股集团、嘉兴市教育发展投资有限公司、同济大学合作举办，“依托同济大学的办学优势、企业的经济实力、市政府先进的教育理念，是名校、名企业在名地创办的一所独立学院”。[①] 政校企合作模式兼具校企和校政合作模式的优点，广受社会的认可。

（五）中外合作办学模式

中外合作办学模式涉及国内高校与外方大学，合作举办二级学院，双方共同承担教学和管理工作。外方主要提供国外有特色的学科专业、课程教材、师资、教学方法乃至教学计划、学历资格证书等，也有的提供资金、教学设备等进行教学和科研等方面的合作。这一模式的代表性学校如上海大学悉尼工商管理学院、上海交通大学中欧国际工商学院、宁波诺丁汉大学等。宁波诺丁汉大学是由浙江万里学院和英国诺丁汉大学合作创办的具有独立法人资格和独立校区的中外合作大学。此类模式的独立学院适应了高等教育国际化趋势，通过引进国外资金、优秀师资、先进的教学和管理，在培养具有竞争力的全球化人才上具有独特优势。但是由于中外文化天然存在诸多差异，所以在办学理念和教育过程中难免存在摩擦乃至冲突，需要谨慎处理。

（六）迁址办学模式和转设办学模式

迁址办学模式和转设办学模式是国家在规范独立学院发展过程中出现的新型发展模式，是2008年教育部出台26号令之后独立学院转型发展的表现。2008年教育部26号令明确规定独立学院参照本科普通高等学校的设置标准执行，其中校园占地面积要求达到500亩以上。我国独立学院大都建在省会城市、地市级等中心城市，这些中心城市土地资源有限，一些独立学院为了达到26号令的要求纷纷前往土地供应较为丰裕的县、市、区办学，即所谓的“迁址办学”。转设办学模式则是指独立学院根据教育部普通高等学

---

① 杨德广:《独立学院的发展模式及未来走向》，载《教育发展研究》2010年第15—16期。

校设置条件和程序规范，经申请转为民办本科高校。[1] 与迁址办学模式只是将学校校址外迁而不变更办学体制相比，转设办学模式则直接变更了学校办学体制，一旦转设办学则学校不再属于独立学院。

据统计，2008—2016 年，江苏省有南京中医药大学翰林学院（2010）、南京邮电大学通达学院（2015）等 6 所独立学院迁址办学。浙江省有浙江财经大学东方学院（2010）、浙江工商大学杭州商学院（2016）等 11 所独立学院迁址办学。同期，全国有 61 所独立学院转设为民办普通本科高等学校。[2] 独立学院的转设办学呈现明显的区域特征，东北地区独立学院转设时间和比例领先，湖北独立学院转设数量第一，苏川豫鲁粤沪冀等地转设步伐缓慢推进，浙湘赣陕皖晋等一半省份转设暂无进展。[3]

自 2008 年后独立学院出现的迁址办学和转设办学的转型发展模式，改善了独立学院的办学条件和环境，优化了区域高等教育资源和布局。当然，应该认识到无论是迁址办学还是转设办学，独立学院都面临着师资流失、生源数量下降等现实挑战。迁址办学和转设办学作为独立学院转型发展的策略都不是独立学院可持续发展的长久之计，只有加强内涵建设，找准办学定位，主动适应区域经济社会发展的需要，调整学科专业布局，形成自己的办学优势和品牌，才能在未来的发展中站稳脚跟，赢得社会的认可。

二、独立学院的发展特征

（一）从自由摸索到政策规范

20 世纪 90 年代，独立学院的前身国有民办二级学院产生。这一新型办学模式主要是各地自由探索的产物，当时国家对此类学院处于观望阶段，尚无出台相关政策。因此，这一时期的独立学院发展处于相对自由的

---

① 阚明坤：《独立学院“迁址办学”现象研究——基于江苏、浙江两省的实证调查》，载《教育发展研究》2016 年第 13—14 期。

② 徐军伟：《转设与迁址：独立学院两类转型发展模式比较》，载《宁波大学学报（教科版）》2017 年第 4 期。

③ 阚明坤：《我国独立学院转设区域分布现象、归因及对策》，载《教育发展研究》2015 年第 7 期。

阶段，在很短的时间内全国独立学院快速增加至360所。而自从2003年以后，教育部先后出台一系列政策文件规范独立学院的发展，独立学院发展无论从规模还是发展模式上都体现了对政策的依附性。

1. 独立学院的发展规模深受政策影响。如上所述，国家尚未出台政策时，独立学院数量一时间竟然达到360所。2003年8号令发布后，教育部开始对各地独立学院进行确认，全国独立学院数量从360多所很快降至249所。此后随着2008年26号令的颁布实施，各地独立学院有的转设为民办普通高校，独立学院的总量维持在260多所，再没突破300所。2006年新增独立学院49所，减少1所，2008之后每年新增独立学院的数量明显低于独立学院减少的数量。如2009年新增4所独立学院，减少6所独立学院；2012年无新增独立学院，减少13所独立学院。① 年度独立学院数量的增减深刻反映了国家政策对其发展的影响。

2. 从独立学院的发展模式也能充分反映出独立学院对政策的依赖性。政策空窗期出现了代表性的校中校模式，2003年8号令出台以后，对独立学院的合作方等提出了诸多要求，一些独立学院为满足教育部8号令独立校园及其后续文件的要求，引入了合作方，校中校模式占比下降，校企合作等模式增多。2008年国家进一步规范独立学院的发展，对“独立性”的要求进一步加强，并提出五年过渡期政策，提出包括转设民办普通高等学校在内的三种出路设计，因之独立学院的发展出现了迁址办学和转设办学的新模式。

（二）由东部沿海地区向中西部地区发展

江浙地区是独立学院的发源地，目前江苏和浙江的独立学院几乎全部创立于1998—1999年。江苏在1998—1999年创办了23所独立学院，而浙江仅1999年就创办了14所独立学院。据相关统计显示，2003年全国独立学院360所，江苏和浙江的独立学院占全国独立学院总数的近六分之一。此后，江浙独立学院模式迅速向中西部推广，截至2014年中西部省

---

① 王建华:《独立学院五年过渡期政策述评》，载《教育发展研究》2013年第5期。

份除西藏外都设立了独立学院，如江西有13所独立学院、湖北有24所独立学院、广西有9所独立学院、青海有1所独立学院、新疆有5所独立学院等。由于沿海地区独立学院的先发性优势及经济地理因素的影响，目前沿海地区的独立学院仍领跑中西部的独立学院。这从东、中、西部独立学院在全国所占比例也可见一斑。据2014年统计，东部独立学院占全国独立学院比例为45%，而同期中、西部占比则为31%和24%。

（三）由外延式扩张向注重内涵式发展

从独立学院产生至2012年，独立学院主要走的是外延式扩张的道路。这从独立学院的学生规模和教师规模可以有所反映。2004年至2012年，独立学院的招生数从30.7万人增长至75.7万人，毕业生数从3.1万人增长至58.5万人，在校生数从68.7万人增长至278.4万人。[①] 可以说，独立学院学生规模从2004年到2012年各项指标一直呈逐年增长态势。2012年之后，这些指标均呈下降趋势，至2016年独立学院招生数、毕业生数和在校生数分别下降为61.9万人、247.2万人。这一趋势在独立学院专任教师数量上也有体现。2008年独立学院教职工和专任教师数分别是14.7万人和10.4万人，这一数值在2012年达到最高分别为18.9万人和14万人，到2016年下降为16.5万人和12.3万人。学生规模和教师规模在2012年之后的下降体现了独立学院外延式发展的逐步收缩。而独立学院教师总量呈下降的同时，教师的职称结构日趋合理，高级职称专任教师趋于稳定，中级职称专任教师比例快速增长，初级及以下职称教师减幅明显，体现了独立学院教师队伍呈内涵式发展的趋势。

此外，独立学院为达到普通高等学校设置标准的迁址办学，以及部分独立学院转设民办本科学校也体现了独立学院在国家政策的引导下逐步走向规范办学、谋求提高学校办学水平和质量的内涵发展之路。

---

① 2004年独立学院的招生数、毕业生数和在校生数来源于苗玉宁:《独立学院可持续发展理论与实践》，经济科学出版社2012年版，第14页。2012年数据来源于教育部网站公布的历年教育统计数据。

·案例篇

贵州财经大学商务学院——“应用型”人才培养的改革与实践探索

谢真子 *

摘要： 近年来，贵州财经大学商务学院按照国家政策导向，依法办学治校，遵循教育规律，面向社会需求，优化结构布局，提升教学质量，强化实践教学。学校以“应用型”人才培养为目标，进行了一系列的改革与实践探索，着力构建符合各专业培养目标的课程体系，为学生提供多样化的课程，为地方经济建设和社会发展培养具有社会责任感、有扎实的专业基础和较强的动手能力、满足社会经济发展需要的应用型人才，为推动贵州经济社会发展尤其是高等教育的发展作出了重要贡献。

关键词： 应用型　人才培养　课程教学改革

贵州财经大学商务学院是由贵州省人民政府批准设置，2004 年经教育部确认为具有独立法人资格并获得办学许可的实施本科学历教育的独立学院。2014 年 4 月 16 日，贵州财经大学根据教育部和贵州省教育厅的相关规定与四川希望教育集团签订合作办学协议，共同举办贵州财经大学商务学院，并在贵州省黔南州惠水县建立新校区，2014 年 9 月正式投入使用。

---

* 谢真子，女，天津师范大学博士研究生。

一、学校情况介绍

（一）基础设施

目前惠水校区占地1080亩，教学、行政用房近30万平方米，在校学生达到了近15000人。学校教学环境优美，教学设备先进，图书馆、教学楼、教师公寓、多媒体教室、语音室、计算机室、实验室、学生宿舍、运动场、学生食堂、便利超市等教学生活基础设施一应俱全，其中投资近5000万元的“经管实验中心”大楼气势恢宏，内设有VR虚拟实景、证券交易大厅、行政事务大厅、法庭、银行、茶艺室等实验实训设施。

（二）专业设置

学校学科门类丰富，专业优势突出。学校现设有会计系、金融经济系、管理系、计算机科学系、人文系和基础教学部等6个系部、27个本科专业，涵盖经济学、管理学、理学、工学、文学、法学等6个学科门类。

（三）师资队伍

学校人才结构合理，师资力量雄厚。全校教职员工540余人，教师都具有硕士研究生及其以上学历，现有二级教授1人，三级教授5人、教授23人、副教授70人，具有博士学位的12人，副高以上职称的占教师总人数的25%。其中获全国、全省“五一劳动奖章”和国家级、省级先进教育工作者、师德标兵、优秀教师、省级教学名师10余人次。同时，学校的科研氛围浓厚，教师学术论著丰富。多年来，学校专任教师和研究人员公开发表学术论文共110篇，出版学术专著和教材12部，承担和完成各级各类科研项目40项，各类科研经费累计达到132.3万元，获得省部级以上科研成果奖3项。学校在推动科学研究上制定了相关的激励机制，在队伍建设、科研团队、学术交流、科研立项、评奖、专家讲坛、规章制度、经费保障等方面采取诸多措施，增强了教师的科学研究能力。

（四）工作方针

学校的总体工作方针是：（1）育人为本。把育人为本作为学校工作的根本要求。以学生为主体，以教师为主导，充分发挥学生的主动性，把促进学生健康成长和全面发展作为学校一切工作的出发点和落脚点，努力为贵州经济社会发展培养造就一大批专门人才和创新人才。（2）改革创新。把改革创新作为学校发展的强大动力。依托贵州财经大学和四川希望教育产业集团的教育、管理等资源，实施改革创新，为学校注入活力。大胆探索，创新人才培养模式，改革、完善办学体制、内部管理体制和运行机制，科学制定教育教学评价标准，创新教学内容、方法、手段，建设现代大学制度，为学校科学发展提供强大动力。（3）提高质量。把提高质量作为学校改革发展的核心任务。树立科学的质量观，促进学生全面发展、个性特长发展、适应社会需要。树立以提高质量为核心的教育发展观，注重教育内涵发展，努力办出特色、办出水平。建立以提高教育教学质量为导向的管理制度和工作机制，把教育教学资源配置和学校工作重点集中到强化教学环节、提高教学质量上来。建立健全教育教学质量保障体系。（4）争创一流。以学科建设为龙头，以师资队伍建设为核心，加大结构调整力度，扩大对外交流与合作，加快重点学科建设项目及创新人才培养和队伍建设计划项目，在重点学科领域争创一流，出名师，育英才，出高水平原创性成果，力争有若干学科专业在国内同类高校中形成优势和特色。

（五）管理体制

贵州财经大学商务学院实行董事会领导下的院长负责制，设有综合事务部、教学事务部、学生事务部三部，副院长兼任部长，另设置会计系、金融经济系、管理系、计算机科学系、人文系 5 系和 1 个基础教学部。学校实行院长办公会议、部务会议、工作日志、日报、周报、月报、工作审批流程等制度以保障教育教学有序进行。

（六）发展目标

根据《国家中长期教育改革和发展规划纲要（2010—2020 年）》《国家中长期人才发展规划纲要》《贵州省中长期教育改革和发展规划纲要（2010—2020）》和《教育部关于区域高等学校创新驱动和科技发展“十三五”规划纲要编制工作的通知》的要求，结合中共贵州省委、省人民政府对“十三五”期间高等教育发展的部署，学校中长期发展的基本思路概括为“一个主基调，两个发展极，三个着力打造”。一个“主基调”是：扩大本科教学规模、提升教育教学质量。实现26500名在校生目标并稳定保持；以学校教学质量工程体系建设为载体，全面提升教育教学质量。两个“发展极”是：实施中外合作办学和申报硕士研究生教育；发展少数民族预科教育、第二学位自学考试教育和专科层次教育，培育职业技术培训教育。拓展办学空间，实现两个新的发展极和经济增长点。三个着力打造是：立足人才强校，着力打造一支专业教师队伍；利用集团与财大资源优势，着力打造学校办学特色；强化学生管理工作，着力打造特色文化校园。

学校的发展定位是：把贵州财经大学商务学院建设成为省内一流、西部有影响、全国知名、经管特色鲜明、商科优势突出、服务民族经济的高水平的应用型本科学校。以经济学、管理学为主体，兼顾发展社会需要的其他学科。培养具有社会责任感、具有扎实专业基础和较强动手能力，满足社会经济发展需要的，以经济管理为主的实用型人才（简称“两有一强”人才）。立足贵州，面向全国，为区域经济社会可持续发展服务。

学校的发展目标是：“评估优秀、特色鲜明、层次多样、内涵丰富。”实现教育部对独立学校检查评估验收的“评估优秀”目标；实现学校“经管特色鲜明、商科优势突出、服务民族经济”的“特色鲜明”目标；实现“以本科教育为中心、适度发展中外合作办学、硕士研究生教育、专科教育、少数民族预科教育、第二学位自学考试教育、职业技术教育”的“层次多样”的目标；实现“以教育教学质量为生命线、以教师队伍建设为核心、以服务学生为中心、以教学改革和课程改革为载体、以制度建设为保障、以校园文化建设为抓手、以加快办学投入为基础”的“内涵丰富”目标。

二、“应用型”人才培养的改革与实践探索

伴随着我国高等教育跨越式发展，高等学校越来越面临着社会需求与消费者（学生）的矛盾冲突，一方面社会需要的专门人才极度匮乏，另一方

面学校培养的毕业生又不适应和不能满足社会对人才的要求，这就迫使高等学校不得不认真思考自己人才培养模式的正确与否，思考自己培养的人才为何远离市场经济发展的轨迹？也促进教育工作者、教育行政部门对此作出研判和决策，也正是基于此，国家层面已经出台了大量法律、政策促进高等学校转型发展，学校也在努力寻找和选择适应于自身办学定位与特色发展的路径。

（一）"应用型"人才培养的改革

1. 人才培养方案改革

围绕"应用型"人才培养目标，学校认识到必须强化实践教学，培养学生动手能力。因此构建了以提高实践能力为引领，知行合一，产教融合的人才培养模式。人才培养方案是学校办学理念和教育思想的集中体现，是实现人才培养目标、组织教学过程、规范教学管理和开展教学质量评价的纲领性文件。为进一步深化本科人才培养模式改革，整体优化人才培养方案，持续创新人才培养过程，全面提高人才培养质量，切实增强学生的适应能力、实践能力和竞争能力，实现"应用型"人才培养目标，学校深入调研经济社会发展对高素质应用型人才需求状况，充分分析了国内外同类或相关学科专业人才培养方案，认真总结了学校近年来本科人才培养教育教学经验，在此基础上开展本科人才培养方案的制订工作。从改革的视角出发，制定工作的依据应遵循科学性、连续性、合理性、实践性、试点先行五大原则。科学性原则即人才培养方案的修订要严格遵循教育教学规律和大学生身心健康发展规律，适应经济社会的发展需要，结合学校的办学目标及定位、学科基础和办学条件进行。连续性原则即各级本科人才培养方案的修订要以上一级本科人才培养方案为蓝本，在继承原方案优点的基础上，根据教学实践和社会需要做适当的优化调整。合理性原则即课程设置和课时分配的合理性，课程设置要以本科学校主体专业为主，各课程设置要求严格执行学分和学时比例，不能突破。实践性原则即根据需要调整部分专业课（学科共同课、专业主干课、专业选修课）至一年级上，在一年级开设的专业课控制在25%以内，促进课程科学合理分布。加大对公共基础课和学科基础课的改革力度，要结合应用型本科的实际，合理选择教学内容和教材，使学生“学得了，用得上”。试点先行就是要加强试点后再进行调整不盲目推进，保持培养方案的严肃性、可持续性。

根据应用型人才培养目标，培养方案要求突出和强化实践教学环节，构建适合各专业培养目标的课程实验和实践内容体系。同时，改革毕业论文（设计）环节，探索以小组毕业设计、毕业作业设计、以项目或实践成果的形式完成毕业论文（设计）环节。通过以上改革，将为应用型本科人才培养提供强有力的支撑。

2. 专业建设改革

我国高等学校专业建设同质化倾向十分明显，一些独立学院的专业几乎就是母体学校的翻版，没有形成自己的独有特色，同时，大多数本科院校还不断追求数量上的高大上，专业设置过于庞杂。因此，应用型本科必须主动适应社会经济发展及我国高等教育的改革发展趋势，以国家高等学校专业设置目录为依据，以市场需求为导向，结合学校办学条件，明确符合自己特色的专业建设目标，设计和举办能够满足市场需要又可持续发展的专业群。贵州财经大学商务学院历经十六年的发展，陆续开设了会计学、金融学、工商管理、计算机科学与技术、汉语言文学、商务英语、法学、音乐学等本科专业 27 个，涵盖管理学、经济学、理学、工学、文学、法学、艺术等七个学科门类。其中管理学类专业 16 个，经济学类专业 7 个，合计占比达 79.35%，初步形成了经管特色鲜明、商科优势突出、服务民族经济的应用型本科专业体系。

尽管专业建设依然面临着庞杂的局面，财大商院对于专业建设有自己的改革措施。以社会需求为导向，以打造特色和提升人才培养质量为主线，按照“强化特色、提升传统、发展新兴、淘汰落后、控制总量”的思路，调整优化专业布局。做好现有会计学专业（特色专业）和金融学专业（重点专业）的建设，使之特色更加鲜明，优势更加突出，成为学校品牌专业，增强学校核心竞争力；系统分析现有传统专业，主动适应社会经济发展需要，通过拓宽专业面向、整合交叉渗透等形式，改造和提升一批综合实力不强的传统专业；围绕经管专业特色有计划地申办一批如互联网金融这样适应社会需要、发展潜力大的新兴专业；对一些不符合经济社会发展需求、招生志愿率、就业率和学生满意度低的专业及无改造潜力的专业将减少招生规模、隔年招生或停止招生；不断完善专业管理体制，加强专业建设质量的监控，保证学校专业的可持续发展。

学校计划到2020年底，调整或撤销8～10个专业，新增4～6个专业，本科专业数达25个左右，每年招生专业数15个以内，每年招生规模5000人左右，形成以经济管理为主、特色鲜明、多学科协调发展的专业结构，专业设置与人才培养符合社会发展需要，优势特色专业在贵州省独立院校中优势特色明显，并形成在全省有影响的1～2个优势专业群。

3. 课程建设改革

学校历来重视课程建设。早在2011年，就对《思想道德修养与法律基础》《马克思主义基本原理》《毛泽东思想和中国特色社会主义理论体系概论》三门课程的讲授和实践学时进行调整，将原来17周讲授学时调整为讲授14周、实践3周，提高实践学时的比例；改革《军事理论》课讲授和实践课时比例，将实践学时提高到26学时，压缩讲授学时为10课时，在入学第一个月内完成。

2013年，加强能力与素质教育，由公共基础课、学科基础课及能力提升与综合素质课程组成通识课知识平台，通过能力提升课与综合素质课程加强学生的职业素养和促进学科专业融合，培养理论基础扎实、职业素养高、适应能力强、执行能力强的高素质的实用型专门人才。调整更换能力提升课程，培养学生自主学习能力、表达沟通能力、信息处理能力、数理分析能力、经管思维能力。根据学校实际，对某些专业课程学分进行了调整，把管理学类专业的《政治经济学》《数据库及应用》课程学分由原来4学分调整为3学分。2014年，拓宽专业选修课课程覆盖面，加强专业选修课程建设力度，巩固实践教学，突出和强化实践性教学环节，构建适合各专业培养目标的课程实验和社会实践内容体系。经过不断努力，基本建成适合学校实际的相对完善的本科教学课程体系（见表1）。

表 1　课程结构与模块总览表

课程类型	学分要求	占总学分比例
公共基础课	23～43	14%～24%
学科基础课	3～11	1.85%～6.2%
能力提升及综合素质课	16	9%～9.8%
学科共同课	31～54	19.1%～30.5%
专业课	25～56	15.4%～31.6%
集中实践教学	27	15%～17%
课外素质学分	6	3.4%～3.7%
选修课学分占总学分比例	26～32	16.1%～18.1%
课程教学学分	129～144	
总学分	162～177	

4. 实践教学改革

随着信息产业的发展，互联网、云计算、电子商务等已经深入各行各业，在教育行业更是首当其冲，随着校园管理信息化的实现，实践实训练习这一新型的教学方法也逐步进入高校，为高校的教学活动增光添彩，实践活动、实训练习不仅是传统教学模式的重要补充，更是提高学生实操能力、动手能力的重要途径。

众所周知，对于应用型本科学校而言，实践教学环节是本科质量培养最为重要的环节。每个学校都十分重视实验室和实践教学的建设，财大商务学院也是如此。经过多年的建设，学校形成了包括军训、课堂实验、创新创业等校内实践环节和社会调查、专业实习、毕业实习等校外实践环节相结合的实践教学体系，着力提高学生的学习能力、实践能力和创新能力，为培养“两有一强”人才奠定了坚实的基础。

不断加大投入建立实验实训室，重点打造经管实验中心，主要包括：综合服务大厅，此区域包含仿真工商、税务、银行、保险、服务机构；

VBSE 虚拟仿真跨专业综合实训区、ARE 虚拟仿真教学区；VBSE 虚拟仿真财务综合实训区；证券交易大厅。在此基础上建设不同专业类别的专业实验室，确保学生在实验实践过程中能够提高技术技能，真正成为应用型人才。

强化实践教学，注重学生实践能力培养，突出和强化实践教学环节，构建适合各专业培养目标的课程实验和实践内容体系。各专业实验实践集中教学学分安排不能低于 30 学分。课程教学中，减少课堂教学时数，加大实验实践教学时数，实验实践教学学时占总学时比例不低于 30%。

探索创业创新班模式。在 2016 级学生中，选拔 50 ~ 80 名学生组成创业班，该班为虚拟班，不改变学生的原有专业。从大四开始，该班学生进入创业创新实施阶段，学生可离校进行创业，获得的实践成果经认定后可冲抵最后一年学分，包括毕业论文（设计），可正常毕业和授予学位。

改革调整毕业论文（设计）环节。为使学生毕业论文选题结合生产与社会发展实际，论文难度、分量、综合训练等基本符合培养目标要求，还鼓励学生以小组毕业设计、毕业作业设计、项目形式、创新创业从事社会经济活动创造成果形式申请毕业论文（设计）答辩，完成毕业论文（设计）环节。

（二）“应用型”人才培养的实践探索

学校紧紧围绕学校“一个主基调，两个发展极，三个着力打造”的基本办学思路和“两有一强”人才培养目标，始终坚持以教学为中心，加强教学条件建设、师资队伍建设、专业建设、课程建设、教材建设，强化实践教学，推进教育教学改革与研究，进一步探索应用型本科人才培养模式，不断提升人才培养质量，努力实现教学内涵式发展。学校在应用型人才培养过程中主动适应新形势，进行了一系列积极有益的实践与探索。

1. 以人才培养方案调整为契机，构建应用型本科教学新模式

学校以应用型人才为培养目标，必然要求培养方案突出应用性和实践性的原则，每年都要设计和制定出新生的培养方案，每年每级的培养方案修订必须以形势发展和市场需求为导向，下面是 2016 级培养方案修订的

要点与规则：

严格控制专业总学分。所有修订调整事项原则上不能突破160~180学分的范围，课程教学总学时控制在2200~2500学时以内。

根据各专业人才培养目标设置课程，着力打造专业特色。在规定的课程教学总学时范围内，围绕专业特色建设对课程进行增减，对课程教学时数进行增减。比如，“行政管理专业”删减数学类课程，增设“申论”“行政能力测试”“公共基础知识”等课程。

围绕提升专业能力，根据专业需要设置能力提升限选课，对现有能力提升限选课进行大幅调整。

调整优化各学期课程分布，必须保证1~6学期课程分布均衡，根据需要调整部分专业课（学科共同课、专业主干课、专业选修课）至一年级上，在一年级开设的专业课控制在25%以内，促进课程科学合理分布。加大选修课在专业课中的比例，引进慕课、微课，选择部分课程进行试点。

将创新创业教育纳入人才培养方案进行整体设计，创新创业教育是人才培养模式的根本性变革，是培养应用型人才的重要途径。创新创业教育必须面向学生全体、有明确的培养目标，需要系统的课程学习，以及实践训练和参加各种社会实践活动。因此，必须从教育全过程出发，将创新创业教育纳入人才培养方案进行整体规划设计，以确保学生创新创业的知识、能力、素质达到预期要求。

改革教学方法和学生考核评价方式。改革学生考核评价方式，实现由终结性考核向过程性考核转变，加强对学生平时学习情况的考核，平时成绩可综合考虑学生的考勤、作业、课堂讨论、调查报告、课程论文、读书报告、随堂测验、期中考试等多方面情况，占课程总成绩的比例介于30%~70%之间。通过学生考核评价方式的转变，促使教师改革教学方法，引导学生改变学习观念和学习方式，不断提高教与学的质量。

加大对公共基础课和学科基础课的改革力度，成体系优化并改善学校数学、外语、计算机等基础课课程，使之逐步成为学校的特色课程，稳步提高学校学生数学、外语和计算机应用水平。

创新综合素质课选修课程学分获取方式。鼓励学生积极参加各专业的国家级或全行业的技能、资格考试，学生通过一个国家级或全行业的技能、资格考试，可免修综合素质类课程 2 学分。每个学生可以以此方式免修综合素质类课程学分最多为 6 个学分，证书获取的最后计算截止时间为第八学期的 4 月 30 日。国家级或全行业的技能资格证如：会计从业资格证、助理会计师证、银行从业资格证、证券从业资格证、外销员资格证、全国外贸跟单员资格证、高级营销员资格证、国际商务单证员、报关员资格证、报检员资格证、人力资源师资格证、物流师资格证、项目管理员资格证、金蝶软件应用能力证书、用友软件应用能力证书、微软数据库管理工程师证书、网络工程师证书、嵌入式系统工程师证书、律师资格证、驾驶证（C2 以上）等。

每个国家级或全行业的技能及资格证书只能获得综合素质类课程或课外素质课程其中之一的学分，不能同时获得两类课程学分。

增加第三方测评在学校课程中的比重。CET4 成绩在 425 分及以上者可以获得《大学英语》课程学分；通过了国家计算机等级考试一级 office，二级 office，二级 VF 可以获得相应课程《计算机应用基础》《高级办公自动化》和《数据库及应用》课程学分。

2. 以加快专业建设步伐为基础，构建应用型本科素质能力新体系

专业建设是高等学校最重要的教学基本建设，是提高教学质量的重要基础，是关系高校发展的核心工程，对高等学校的发展具有深远的影响。为适应贵州省经济、社会、科技和文化发展对人才培养提出的新要求，推动商务学校专业建设快速发展，促进办学水平全面提升，提高社会的认可度，商务学校进行以下积极的探索：

加强特色（重点）专业群建设，打造品牌专业。实施专业分类、分层次发展，有所为有所不为，将专业建设的重点放在特色专业群、重点专业群的打造上。5 年内，除硬件投入外，计划投入 250 万元用于打造以会计学为核心的会计类特色专业群，投入 150 万元用于建设以金融学为核心的金融类重点专业群，并在师资、科研等方面给予大力支持，提高专业建设

水平，形成专业优势与特色，争取打造成优势明显、特色鲜明、贵州省知名的品牌专业。投入150万元用于重点扶持物流管理、电子商务、资产评估等专业建设，争取把这些专业建设成品牌专业。同时适当加大投入用于改造提升汉语言文学、工商管理等11个传统专业，保障这些专业的平稳发展。2016年投入240万元重点建设会计学、金融学等6个特色专业。

构建专业动态调整机制，合理调整专业结构与布局。根据《普通高等学校本科专业设置管理规定》的精神，构建专业建设预测系统、专业信息预警系统、专业预警响应系统和专业发展保障系统。专业建设预测系统——积极开展专业设置预测系统的相关研究，建立学校专业设置、人才培养、就业状况等本科办学状况基本数据库，加强专业人才需求预测。专业信息预警系统——教务处会同招生就业处、学生处、各系，采集专业排名、招生志愿率、高考分数、报到率、学位率、就业率、学生满意度等数据，并作为优化专业布局、调整专业结构的量化指标，建立专业信息预警系统。专业预警响应系统——学校针对专业信息预警系统结果，对被预警的专业设定“红”“黄”两个级别，对亮“红灯”的专业建议考虑限制招生、隔年招生或者是停止招生；对亮“黄灯”的专业建议适度发展，调整规模或进行改造提升。专业发展保障系统——学校每年开展各专业的质量检查评估等评价工作，发布专业建设质量年度报告，依据质量报告完善专业发展投入机制，建立专业发展保障系统（见表2）。

表2 贵州财经大学商务学院专业规划分类表

序号	所属系部	专业名称	规划分类
1	会计系	会计学	特色专业群
2		财务管理	
3		审计学	
4		资产评估	重点扶持专业

续表

序号	所属系部	专业名称	规划分类
5	金融经济系	金融学	重点专业群
6		财政学	
7		投资学	
8		保险学	
9		国际经济与贸易	
10		经济统计学	
11	管理系	工商管理	提升类专业
12		市场营销	提升类专业
13		人力资源管理	提升类专业
14		物流管理	重点扶持专业
15		行政管理	提升类专业
16		旅游管理	提升类专业
17		土地资源管理	隔年招生或淘汰专业
18		劳动与社会保障	隔年招生或淘汰专业
19	计算机科学系	电子商务	重点扶持专业
20		计算机科学与技术	提升类专业
21		工程管理	隔年招生或淘汰专业
22		工程造价	隔年招生或淘汰专业
23		房地产开发与管理	隔年招生或淘汰专业
24		信息管理与信息系统	隔年招生或淘汰专业
25	人文与法学系	法学	提升类专业
26		汉语言文学	提升类专业
27		音乐学	淘汰专业
28	外国语系	商务英语	提升类专业
29		日语	淘汰专业

注：1. 特色专业是具有较高办学水平和鲜明办学特色的专业，是学校核心专业，是最优先打造专业。2. 重点专业为学校主干专业，是优先打造专业。3. 重点扶持专业为适应社会需要、发展潜力大的专业，是需要大力扶持的专业。4. 提升类专业主要是综合实力不强的传统专业，是需要正常投入进行建设的专业。

3. 以建立实用性本科教材体系为抓手，构建应用型本科教学内容新载体

学校重视教材建设与选用工作，坚持择优原则，优先选用教育部规划教材、国家重点建设教材、优秀教材；注意教学内容与社会需求相结合，在同等水平的教材中，尽量选用内容较新、近三年出版的教材；2015 年选用的推荐获奖教材比例为 83%，选用近三年版本教材比例为 95%。大力加强自编教材建设，加大对学术水平高、教学经验丰富的教师编写、出版教材的支持力度，为学生提供适用的教材。特别是需要建立应用型本科教材体系结构，为此，贵州省部分高校成立了应用型本科高校教材建设联盟，2016 年学校在与其他院校、出版社、教材企业共同努力下联合出版了《会计学原理》《经济数学》等 10 部教材。

4. 以实施“1+1+1+N”教学团队模式为手段，构建教育教学质量稳步提高新秩序

学校针对学校新校区新进教师较多的实际情况，实施教师教学以课程群为单位，采用“1+1+1+N”（即 1 名教授 +1 名副教授 +1 名讲师 + N 名新进教师、研究生）的模式组建成教学团队进行。学校拨出专项经费支撑教学团队运行，由教学团队负责人上示范课，组织团队成员隔周开展 1 ~ 2 次教研活动，统一制定教学大纲、教学进度计划表，集体备课，组织团队成员听评课，促进新进教师成长。学校现已组建教学团队 56 个，目前运行效果良好。通过建立教学团队，推进教学工作的传、帮、带和老中青相结合，推动课程建设，提高新进教师的教学质量，确保了教学质量。

5. 以改变“终结性”为“过程性”考核为着力点，构建提升学生自主学习能力新常态

学校积极探索改革学生考核评价方式，实现由终结性考核向过程性考

核转变。通过学生考核评价方式的转变，促使教师改革教学方法，引导学生改变学习观念和学习方式，不断提升学生自主学习能力。为此，学校制定了《贵州财经大学商务学院课程考核方式改革指导性意见》，该意见应该说是对考核方式的大变革，具有十分重要的意义。其主要内容包括：

指导思想是：充分发挥课程考核对教学改革的引领作用，强化学生的过程培养和能力培养，丰富课程考试方式，减少学生死记硬背现象，提高学生学习的主动性，使课程考核真正起到检验学生的学习效果、知识能力水平和评价教师教学效果的作用，并以此推动教学方法和教学手段变革，从而提高学校教学水平和人才培养质量。

课程考核改革主要目标是：逐步建立符合应用型本科学校实际的“考核形式多样、教学内容与考核形式相适应的”课程考核体系；研究和制定考核成绩评定标准，客观、科学地评价学生学习成绩；强化平时考核，加大平时考核成绩在总评成绩中的比重，根据课程特点决定期末考核的具体形式，改变学生成绩评定重期末、轻平时的不合理评价制度；通过推进考核制度改革，规范考核活动与考核行为，实现考核公平与公正的制度目标，使考核真正成为测量人才水平和能力的科学工具，建立科学的人才培养质量评价标准体系，推动教学方式与学习方式的转变，树立良好的教风和学风，促进人才培养模式与方式的改革创新，全面提高学校本科人才培养质量。

课程考核改革内容是：考核内容以教学大纲为依据，注重教学过程考核，注重引导提升学生的素养和能力；课程考核要贯穿到课程教学的全过程，由平时考核和期末考核两部分构成。课程成绩也由平时成绩和期末成绩综合评定而成。平时考核成绩可占课程成绩的30%~70%，期末考核成绩也可占30%~70%，合计100分。具体比例由课程承担单位在制定课程考核方案时确定。

课程平时考核内容及标准是：平时作业不少于3次，全批全改；课堂发言每生不少于2次；开展课堂讨论不少于1次；单元小测验不少于3次；小论文或研究调查报告不少于1次；课程实验或实践可根据课程性质自选；演讲可根据课程性质自选。个别课程不能完全按照以上规定执行的，需课程承担单位单独上报考核方案，经系部、教务处、主管教学校长批准后执行。平时考核应有考核标准与原始记录。特别是作业布置与批改情况，应保存作业的电子版或纸质版，纸质版每个教学班保存作业3份。必修课的平时考核记录与标准，应作为教学档案上交并随同试卷一同保存。期末考核，主要考核学生对于知识点和基本理论的掌握程度，以及分析、解决现实问题的能力。包括闭卷考试、开卷考试、调研报告、课程论文、作品展示、第三方测评等，可选择其中一种作为期末考核方式。

课程考核改革要求是：全院所有课程必须进行考核改革。课程承担单位必须事先制定课程考核方案，方案应有考核的具体形式、操作细则与评分方法等内容，经系部主任同意、教务处审核、主管教学校长签字后方可执行。课程考核必须按课程考核方案进行。开学后2周内，课程承担单位和任课教师须公开告知学生本课程考核方案。课程论文与小论文选题必须与课程教学内容有关，由任课教师给出供学生选择。论文必须是学生自己独立分析写作，须提交手写稿或有亲笔签名的打印稿，涉及引用的参考文献或资料必须标明出处，重复率不得高于50%。否则认定为抄袭，取消其课程成绩。论文必须按评分标准批阅和评分。如因课程特点要求期末考核采用开卷考试方式，须事先报教务处审批，且试题必须是论述题、案例分析题、综合计算题题型，题量以1.5小时或2小时考试时间为准。各系部应采取有效措施，严把试题质量关，认真执行试题逐级审查制度，切实提高命题质量。各系部应在课程考试结束后对试题质量予以分析，并不断淘汰或调整试题，降低同一门课程不同学期的试题重复率。

课程考核改革组织与实施：课程考核改革由教务处、课程承担单位负责组织实施。课程承担单位必须按照课程考核改革方案的规定，制定具体的课程考核方案并对其进行论证与审查。课程承担系部主任为课程考核改革方案第一责任人，教学团队负责人或教研室负责人与任课教师为相关责任人。学校将组织专家团队对各课程考核改革方案及执行情况进行评估验收，并根据评估验收结果对相关责任人进行奖惩。

2016—2017 年第一学期共有 195 门课程实行了考核方式改革，过程性评价在学生学习成绩中开始倾斜，每门课程过程性评价的分值都大于或等于 50%，学生期末考试合格率大大提高，学生反映效果良好（见图 1）。

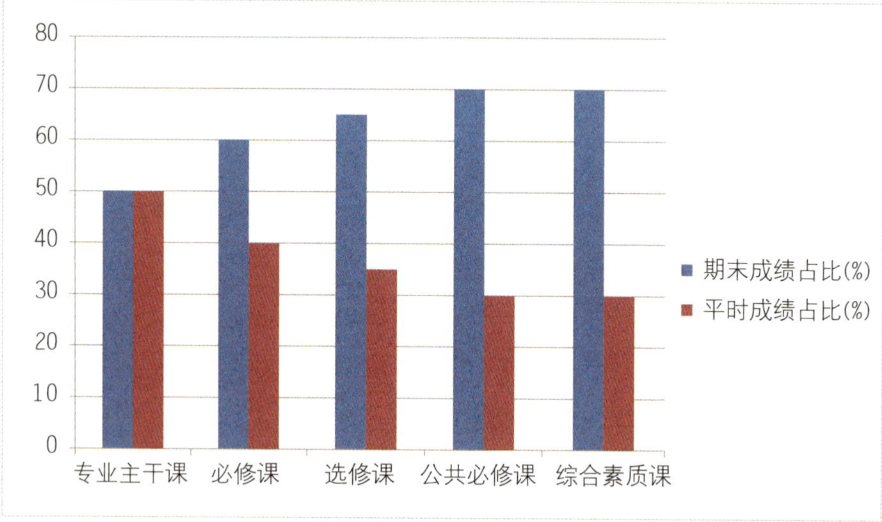

图 1　2016—2017 学年第一学期 195 门课程实施过程性考核评价平时成绩与期末成绩占比情况

（三）“应用型”人才培养的成效

1. 学生学习满意度高

2016 年 5 月，财大商院通过网上问卷调查的形式，对 2013、2014、2015 和 2016 级本科生开展调查，共获得 10458 份有效问卷。问卷的设计主要包括几个模块，分别是教学设备、课程教学质量、师资力量水平、教学管理和教学工作的总体满意度。结果如下：学生对教学设备的满意度为 85.29%，对课程教学质量的满意度为 85.83%，对师资力量水平的满意度为 86.19%，对教学管理的满意度为 77.90%，对教学工作的总体满意度为 88.53%。

2. 学生创新能力强

财大商院积极开展独立学校大学生创新训练项目、创业训练计划项目。创新训练项目以本科生个人或团队，在导师指导下，自主完成创新性研究项目设计、研究条件准备和项目实施、研究报告撰写、成果（学术）交流等工作。创业训练计划项目可分为创业训练项目和创业实践项目。创业训练项目以本科生团队为主，在导师指导下，团队中每个学生在项目实施过程中扮演一个或多个具体的角色，通过编制商业计划书、开展可行性研究、模拟企业运行、参加企业实践、撰写创业报告等工作。创业实践项目由学生团队完成，在学校导师和企业导师共同指导下，采用前期创新训练项目（或创新性实验）的成果，提出具有市场前景的创新性产品或者服务，以此为基础开展创业实践活动。训练项目不限学科专业，可根据学生兴趣在一定范围自主选题。

学校从2015年开始就推行大学生创新创业的项目建设，成立了以院长为组长的领导小组，并划拨20万元建设大学生创新创业孵化园区，制定了《贵州财经大学商务学院大学生创新创业园管理办法（试行）》，其主要内容包括：

设立宗旨：提高学生综合素质，培养学生的创新意识、创新精神、创业能力，满足以多层次、复合型、应用型为目标的人才培养要求；帮助学生将理论学习成果转化到创新创业中来，让学生在老师的指导下，利用学校提供的创业条件，积累创新实战经验，形成创新创业孵化基地，培育小微企业群，打造小微企业家，模拟商业运作、自主经营、自负盈亏、自担风险，取得“以创新带动创业，以创业带动就业”成果。

入驻创新创业园的条件：在校学生或项目主要负责人为学校在校学生；经营项目合法，无产权等纠纷，并不得与学校利益相冲突；有与所申报项目规模相符合的资本；需一名以上学校教师的推荐，并担任项目的指导教师；通过学校创新创业指导委员会（委员会由分管院长、学工部、教务处及系部教师代表组成）审核；其他由学校创新创业园视申报项目涉及范围确定条件。

进驻创新创业园的优惠政策：学校创新创业园根据实际情况，经批准入驻创新创业园项目，在第一年给予场所、设备、水电等方面的免费支持，在第二年收取基本水电费用，从第三年起，视其经营情况，适当收取场租费用；对经过评审的项目，学校将视项目发展前景，通过设立“创新创业基金”对项目予以扶持，并帮助项目争取省部级立项，获得一定的资金支持；凡入园项目，经审核、验收通过，其成员可享受《贵州财经大学商务学院本科人才培养方案》中“创新创业班”的申请学分、冲抵实践教学课时或毕业论文（设计）等相关政策；学校支持经营绩效较好的创业项目正式工商登记注册，并视学校和项目实际运作情况进一步为其在场地、税收、水电费用等方面提供孵化优惠条件；学校将适时为入园项目提供校内市场保护，避免校外企业（外来企业）对其竞争优势的滥用。

在园项目的管理：学校成立创新创业园办公室，办公室设在学工部，负责对入园项目的管理；在园项目指导教师负责对入园项目业务的具体指导；在园项目每学期期末向学校创新创业园办公室提交一次经指导教师审核确认的财务报表；在园项目如有重大变动，必须及时向学校创新创业园办公室变更登记，换发相关证照。

根据以上管理办法，2015—2016 年学生申报项目 40 余项，最终通过评审入园 8 项。表 3 是 2015—2016 年入驻项目统计。

表 3　2015—2016 学年贵州财经大学商务学院创新创业园入驻项目统计表

序号	项目名称	项目类型	项目负责人	专业班级
1	菜鸟驿站	韵达、圆通等快递分包服务	刘兴	投资学 1402 班
2	金桥电子商务工作室	电子商务 020 服务平台	辛金耀	土地资源管理 1402 班
3	零壹数码小屋	数码产品交易及维修	余浪	保险学 1401 班
4	恒挚人力资源	人力资源中介	孙进	财务管理 1501 班
5	惠生活 GO	电子商务 020 服务平台	陈洋	电子商务 1401 班

续表

序号	项目名称	项目类型	项目负责人	专业班级
6	墨铭书画苑	书画培训及书画售卖	刘厅	金融学 1504 班
7	凌云阁书吧	图书售卖及借阅	郑世访	保险学 1401 班
8	二手物品交换平台	跳蚤市场	冯章辉	金融学 1502 班

3. 学生毕业与就业率高

财大商院在重视人才培养过程的同时，严把毕业关和学位授予关，有效保障人才培养质量。2016 年，学校共有本科毕业生 2543 人，2529 人获得本科毕业证和学士学位证书，学位授予达 99.45%。同时，毕业生的就业率也非常高。2015 届毕业生 3111 人，就业率为 95.18%；2016 届毕业生 2543 人，就业率为 97.29%。

三、发展愿景

未来，贵州财经大学商务学院将在以下几个方面持续发力，创建一流的独立学院。

（一）深化思想政治教育，凝练自主办学特色

学校将更加重视大学生思想政治教育工作，努力推动校园文化建设和开展大学生社团活动，积极推动学生投入志愿服务和社会公益工作。在学生发展方面，将坚持精细化管理，坚持家校沟通，坚持校地合作，全方位多渠道育人。继续实行“五走进”，即走进教室辅导学生学习，走进食堂关心学生生活，走进宿舍了解学生思想，走进学生活动培养学生特长爱好，最终走进学生心里。

（二）坚持科学正确的办学定位，实现繁荣发展

学校将始终遵循教育规律，依法办学治校，面向社会需求，优化结构布局，提升教学质量，强化实践教学，建立健全符合个性专业培养目标的课程体系，为学生提供多样化的课程，着力为地方经济建设和社会发展培

养具有社会责任感、有扎实的专业基础和较强的动手能力，满足社会经济发展需要的以经济管理为主的应用型人才，为推动贵州经济社会发展作出重要贡献。

（三）坚持既定的基本战略，争创一流的应用型本科学校

学校坚持“依法治校、质量立校、人才兴校、改革创新”的基本战略，围绕“评估优秀、特色鲜明、层次多样、内涵丰富”的十六字目标，努力把贵州财经大学商务学院建设成为省内一流、西部有影响、全国知名、经管特色鲜明、商科优势突出、服务民族经济的有特色的应用型本科学校。

（四）努力拓展办学思路，大力加强中外合作办学

学校继续积极探索和努力建立与国内外多所高校及其他教育机构的良好合作关系，参加和举办各级各类学校院长联席会、行业年会、发展研究会，促进国内外高校的互访交流，加快学校对外合作办学的步伐，提升学校办学声誉与质量。

厦门大学嘉庚学院——“应用型、复合型、创新型”人才培养的办学实践

王帅*

摘要：建校15年来，学校充分利用新机制、新模式办学的优势，认真践行“以学生为中心”的核心办学理念，在管理体制、人才培养模式、学科专业建设、师资队伍建设、国际化办学等方面进行了一系列的改革与创新。坚持育人为先，将人才培养放在首位，从能力、知识、素质等各个方面全方位地培育人才。坚持“内涵发展”，积极深化教育教学改革，形成了鲜明的办学特色和优势，在国内外获得了广泛的社会认可和同行赞誉。

关键词：应用型　复合型　创新型　人才培养

厦门大学嘉庚学院创办于2003年，是经教育部批准，由教育部直属重点大学厦门大学和厦门嘉庚教育发展有限公司共同举办的，按新机制和新模式运作的独立学院。

一、学校情况介绍

（一）基础设施

嘉庚学院位于厦门大学漳州校区，校区占地2726亩。校园依山面海

* 王帅，男，中国教育科学研究院助理研究员。

而建，与厦门大学思明校区隔海相望。校园建筑以嘉庚风格建筑为主，中西合璧，恢宏大气，错落于湖光山色之间，给学子们营造了沐浴书香、畅游学海、静学深思的修读氛围。

学校为学子成长成才提供了一流的软硬件设施。现代化气息浓郁的图书馆，提供 198 万册藏书和优雅宁静的学习环境。完善的实验室配套、投资 5200 万元建成的工业实训基地，提供强化动手能力的优越平台。与 306 家知名企事业单位合作建立的实习基地，构筑实习预就业的畅通渠道。富有嘉庚学院特色的转专业制度和教师答疑制度，使学子在以兴趣为导向的学习环境和亲密的师生关系中快乐成材。

（二）管理体制

嘉庚学院实行董事会领导下的院长负责制。作为学校的决策机构，董事会全权负责学校的管理运作。董事长为学校法定代表人。学校院长由董事会推荐报厦门大学任命。学校设立由院长主持的院务会，研究决定学校的发展规划、课程体系改革、师资队伍建设和对外合作与交流等各项重大决策，并负责评估、监察学校的教学和行政管理工作。学校设立学院办公室、传媒中心、招生办公室、实习与就业服务中心、教务部、教学与科研促进部、教育技术服务中心、对外交流与合作部、IT 服务中心、学工部、团委、人力资源部、财务部、资产与后勤管理部、党群工作部、心理健康服务中心、实验教学与工业训练中心等一系列相关部门，负责学校各项工作的实施。学校实行院、系二级管理，各系主任、副主任由院务会讨论决定后，由院长聘任。学校制定了一系列相关的规章、制度，确保各项工作的制度化运作。

（三）专业设置与招生情况

历经 15 年的跨越发展，嘉庚学院充分利用新机制、新模式办学的优势，立足于培养“应用型、复合型、创新型”人才的办学定位，目前已设有涵盖理学、工学、文学、经济学、管理学、法学、艺术学等学科的 9 个学院、5 个独立系、3 个教学部、2 个实践教学训练中心和 1 个科研中心，51 个本科专业，81 个专业方向，拥有在校本科生约 19000 人、硕士研究生 70 人（与厦门大学联合培养）。学校自办学之日起在福建省即以本二批次招生，生源质量逐年提高，近三年嘉庚学院在全国招收本一线上考生 524 人，全国本二线上考生数突破 95%。学校面向全国 31 个省（区、市）招生，是福建省省属院校中省外生源比例最高的院校，省外学生人数占在校生人数的 58%。

（四）师资队伍

教师是人才培养模式的直接实施者。高水平教学的提供和成功的人才培养，离不开高素质的师资。厦门大学嘉庚学院努力聘用高素质的教师，建立一支高水平、重职责、有爱心的教师队伍。以三种形式来建构教师队伍：一是不拘一格，向社会公开招聘各种专业人才，包括刚退休的老教授，组成自己的专任教师队伍；二是充分利用了厦门大学丰富的教师资源，经严格挑选，聘请一批年富力强、具有丰富教学经验的在职教师，形成我们的兼任教师队伍；三是面向与学校开设的学科专业密切相关的企事业单位，邀请有丰富实践经验的人员，到学校开设系列讲座，形成自己的特色教师队伍。

几年来，学校在聘请厦门大学雄厚师资的同时，向社会广纳贤才，不断引进有活力、有能力、有经验、高素质的专任教师。这些教师中不少是留学归国的人员，如英国、日本、荷兰等国，也有来自国内一流高校，如北京大学等；在学校教育与国际接轨的进程中，外籍教师的人数也不断增加，目前已有来自美国、英国、日本、澳大利亚、新加坡等国的外籍人员加盟该校专任教师队伍。目前，学校已拥有一支由 900 余名训练有素、教研并长的专兼职教师构成的师资队伍。

（五）办学理念与办学宗旨

独立学院是改革开放背景下我国高等教育体制创新和高速发展的产物，应当直接面对多层次、多种类的人才市场需求和多选择、多变化的个人发展诉求。基于这一认知，嘉庚学院树立了面向人才市场办学、通过市场谋求发展的战略思路和办学理念。坚持立足市场需求来确立人才培养模式、设置专业和改革课程体系；坚持确立以学生为中心的办学原则，切实为学生提供人性化的一流的教育与服务。

“以学生为中心”是嘉庚学院的核心办学理念。学校坚持运用这一理念指导办学实践，实施“宽口径、厚基础、重能力、求个性”的人才培养模式，推行“服务与管理”并重的学生工作模式，全力营造因材施教、因势利导、尊重个性、激发潜能的教育环境。

开门办学，大力推进国际合作，是嘉庚学院一直遵循的办学宗旨。在学校的专任教师队伍中，活跃着来自美国、英国、日本、澳大利亚等各国的外籍教师的身影。学校与美国、英国、日本、新加坡、加拿大、新西兰、澳大利亚、法国、荷兰等国家的多所高校开展了校际交流与合作，并与 28 所海外高校建立了人才培养合作关系。

（六）发展思路

学校遵循“教学与科研并举，以有效教学见长”的发展思路，在不断提高教学质量的同时，将大力发展科研工作作为学校新一轮跨越发展的重大举措和生长点之一。一方面，学校立足于培养应用型、复合型人才的办学定位，博采众长，大胆创新，既严格遵循教育规律，规范办学，完善教学质量保障体系，又全力加强师资队伍建设，努力推进各项教学改革；另一方面，学校加大力度，循序渐进，逐步推进科研工作，提升学校的整体办学水平和教育质量，增强社会服务能力。如今，学校拥有了 479 项“教学质量与教学改革工程”项目（国家级 117 项、省级 362 项），7 项福建省高等教育教学成果奖（含 1 项特等奖）。

（七）人才培养

人才培养取得了显著成效，学生在国际性赛事获奖 155 项，全国性赛事获奖 1006 项，区域性赛事获奖 160 项，全省性赛事获奖 1558 项，日益树立起“综合素质高，创新精神强，实践能力突出”的品牌形象，受到用人单位的普遍欢迎。近几年，在学校的大力推动下，科研工作也取得突破性进展，目前已拥有省级科研创新平台 2 个、校企合作创新平台 8 个、各类科研项目 392 项（省部级以上重要项目 61 项）。

（八）办学荣誉与社会知名度

2010年7月，学校获评“全国先进独立学院”。2011—2017年，学校连续7年入选腾讯网教育产业价值榜，位列独立学院榜榜首，先后获得中国最具品牌价值独立学院、中国最具品牌影响力独立学院、最具领导力独立学院、最具知名度独立学院、品牌实力独立学院、综合实力独立学院等称号。在《2012—2016年全国普通高校竞赛评估结果（本科）TOP300》中，学校领衔全国独立学院，并在全国2900多所高校中跻身前200强，排在第180名。2018年，在中国侨联和凤凰卫视发起的华人教育家大会暨“聚焦中华”教育盛典上，学校获得2017—2018年最具国际影响力独立学院称号。

二、培养高素质应用型人才的办学改革与创新

建校15年来，嘉庚学院充分利用新机制、新模式办学的优势，认真践行“以学生为中心”的核心办学理念，在人才培养模式、学科专业建设、师资队伍建设、国际化办学等方面进行了一系列的改革与创新，在国内外获得了广泛的社会认可和同行赞誉。

（一）秉持实践教学理念，构建了全覆盖的实践教学体系

高校的核心工作是培养人才。对人才要素的界定和需求是随着时代的变迁而变化的。进入21世纪，世界发展的基本趋势是全球化与多元化的同步加剧，知识化与信息化的全面展开。这一时代特征成为学校确立科学培养模式的根本立足点。

人才培养的根本不在于知识的传授，而在于能力的培养。大学该培养什么样的人？在德、智、体全面发展的基础上，应着力于加强学生能力（基本技能、创新能力、实践能力、自学能力）的培养。同时，人才培养应当努力适应社会经济发展对人才提出的需要（即复合型的、一专多能的专业人才），适应学生个人发展多层次、多样化的需求（如求职、深造和留学等需求）。基于此，嘉庚学院提出了宽口径、厚基础、重能力、求个性的人才培养模式，定位于培养应用型、复合型、创新型人才，并为此两

度修订人才培养方案，形成了独具特色的教育教学体系。

嘉庚学院实践教学的体系由三个课堂组成：第一课堂指正常的课堂教学要尽可能与实际相结合；第二课堂是指校园内除了正常教学外的其他活动，包括专题讲座、学生社团活动和各种能力竞赛；第三课堂是指利用校园外的资源为学校的人才培养服务，包括企业实习和社会实践等。这三个课堂构成实践教学体系，彼此之间既是相互联系、不可分割的有机整体，同时又是层次分明、不可相互替代的。第一课堂是基础，能增加学生的理论知识，强调的是素质教育；第二课堂是在第一课堂的基础上培养学生的兴趣，并对所学知识加以运用，关注的是素质和能力的并举；第三课堂则是走向社会，它是建立在第一、第二课堂基础上的，关注的是学生实际能力的培养。①

正如学校的教务部长林斓所说，培养能力比传授知识更重要，学校将实践教学的理念贯穿于每个教学环节，不仅显著加大课程体系中传统实践教学环节的比重，也着力引导学生参加教学计划外的各种实践活动。此外，学校还创新性地设置了实践教学周，对学生进行集中、系统的实践训练。

（二）革除传统课程体系弊端，构建新型的课程体系

课程体系设置科学与否，决定着人才培养目标能否实现。基于此，近年来嘉庚学院对各专业的课程体系进行了全面的改革，以适应经济全球化、信息化时代人才市场的多元需求。学校在本科教育的教学模块、知识结构等方面进行了大胆的尝试，依照不同的教学目标和要求，创新设置了三大教育模块：技能教育模块、通识教育模块、专业教育模块。其中，选修课程学分占总学分的比例应不低于 40%，专业课程学分占总学分的比例应不高于 55%。技能教育模块的设置有意识地加大了基本技能课和实践教学课的比重，突出对学生实践能力的培养。

---

① 王人辉、张兰：《激发学生学以致用的本科教学实践——厦门大学嘉庚学院实践周教学的探讨》，载《创新与创业教育》2013 年第 1 期。

过于狭窄的专业设置和与此配套的僵硬的专业课程体系，是以往高校培养模式的一大弊端。而拓宽课程口径，加大非专业课比重，以求开阔学生视野，是消除上述弊端的有效手段。因而，学校的课程体系力求把专业课与非专业课比例把握在 50∶50 左右。

以往僵硬的课程体系的另一个突出弊端是为学生预先设置了过多的必修课，从而使学生失去了依照自己兴趣和目标选择课程的空间，同时也使学生失去了为自己设计人生道路并为此选择实现路径的锻炼机会。大幅度增加选修课，拓宽学生选择课程的空间，并给予及时有效的指导，是学校改革课程体系的一个主要内容。

此外，重书本知识的传授、轻实践能力的培养，是以往课程体系的又一明显弊病。为了改变这一问题，学校设置了技能教育模块，有意识地加大了基本技能课和实践教学课在整个课程体系中的比重，突出对学生实践能力的培养。

（三）教学与科研并举，以有效教学见长

建校前 10 年，嘉庚学院专注于教学，紧紧把握"以有效教学见长"这个定位，将工作重点放在教育教学改革和人才培养模式创新上。2013 年，办学 10 周年之际，嘉庚学院又提出了"教学与科研并举，以有效教学见长"的发展思路。

"以有效教学见长"仍是发展的核心思路，但科研被提到了一个重要的位置。学校认识到，加大力度、积极稳妥推进科研工作，既关系到教育质量的提高、办学层次的提升、服务经济社会能力的增强，也关系到教师学术水平的提升、教学能力的提高、教师团队和梯队建设的有效推进。因而，大力发展科研工作成为学校新一轮跨越发展的重大举措和生长点之一。院长王瑞芳表示："科研与教学不是对立的，两者的关系应该是良性互动、互相促进、相辅相成的。学校重视科研工作的落脚点是更好地培养人才。"

在学校的大力推动下，嘉庚学院的科研工作有了突破性的增长。2011 年至 2017 年，学术论文数量涨了近 7 倍，科研项目数量也增长了 2.7 倍。

同时，学校认识到，科研工作要想实现特色发展、长效发展就不能关起门来搞科研，要加强校企、校地合作，实现科研创新、人才培养与社会服务的“三赢”局面。

在这一思路下，学校与汉嘉设计集团合作共建了汉嘉设计创新研究中心这一校企合作创新平台。2017 年 6 月，厦门市公开出让 4 处城镇住宅用地，厦门特工开发有限公司以 10.22 亿元竞得同安 T2017P02 地块，并于 2017 年 10 月进行该项目的实施性方案设计公开招标。参与竞标单位有 9 家，其中，不乏上海市建筑设计研究院、中建集团东北设计院等国内知名设计单位。最终，仅成立 5 个月的汉嘉设计创新研究中心拿下了这个设计费超 530 万元的项目。像这样的校企合作创新平台在嘉庚学院还有 7 个，学校计划在 3 年的时间里搭建 10 个校企合作创新平台。整合校企力量，打造产学研一体化，进一步提升学生应用能力，是学校新一轮跨越发展的重要抓手。

（四）开展创新创业教育，培养学生创新创业能力

嘉庚学院长期重视对学生的创新创业教育，尤其注重实践平台的建设，为学生的创业实践提供各种平台，把学生创造力的培育纳入创新教育中，通过发展创新思维、培养创新技能与创新型人格，实现学生的自身成长与自我价值实现。

1. 成立社团组织，引导学生创业实践

成立社团组织，为学生搭建一个创新创业交流的平台，有助于学生的沟通与分享。学校组建了创业协会、环境保护协会、职业生涯规划协会、绿色呼吸协会等社团，举办学生创业计划大赛、学生创新创业博览会、创新创业孵化班等实践活动。通过社团活动激发学生的创业热情，引导学生进行创业尝试。

2. 搭建学科竞赛平台，激发学生创新创业热情

学校积极组织学生团队参加大学生创新创业训练计划项目、参加各类“挑战杯”赛事。在创业计划竞赛中培养学生进取心、自信心、意志力、创新思维与创业能力。通过一个具体的创业计划使学生意识到市场预见力

及商机的快速反应力在创业中的重要性。让学生养成一个多交流、多阅读、多思考的习惯，为今后的创业铺平道路。学校还鼓励学生参加大学生创新创业大赛，激发学生的学习和创业热情，促进高素质创新型应用人才培养教育目标的实现。

3. 以创业基地为载体，组织学生参与创业实践

学校建立多形式的创业基地，以此为载体带动学生参与创业实践。建立校级创业园，开展以“创业实践”为核心的大学生创业咨询服务。另一方面，建立广泛的外部联系网络，打造政、校、企合一的创业服务平台。学生可自主进入平台注册，根据各自需要学习相关内容与了解相关创业政策。①

（五）坚持开放姿态办学，接轨国际培育人才

在全球化的时代，贴近国际惯例办学，开门办学，强力推进国际合作，汲取国际先进教学经验，是嘉庚学院一直遵循的办学宗旨。为此，早在2007年，学校就开设国际班，推进英语环境下的专业教学。与此同时，学校也非常注重引进国外前沿课程，以便学生出国后更好地与国外大学对接。在师资建设上，学校也注重引进海归人员和外籍教师，这些具有国际化视野的教师给嘉庚学院带来了十足的国际范儿。

嘉庚学院自创办以来就积极开拓与海外高校的合作项目，力求为学生拓宽留学渠道和平台。目前，学校已经跟英国、美国等国家的高校建立了“2+2”“3+1”等合作培养模式。如2014年3月6日，英国斯克莱德大学(University of Strathclyde)与嘉庚学院举行了签约仪式，正式启动了“2+2”“3+1”“3.5+0.5”合作项目，斯克莱德大学将为达到申请要求的学生提供约人民币12000元的奖学金。根据协议，嘉庚学院与斯克莱德大学的商学院、人文社科学部进行合作。商学院可供申请的专业包括金融、会计、营销、商务、经济学、人力资源、管理；人文社科学部可供申请的专

① 刘兴强:《大学生创新创业能力培养探究——以厦门大学嘉庚学院为例》，载《创新与创业教育》2015年第3期。

业有教育、法律、新闻学、社会工作。除了长期的留学项目，学校还打造了很多短期项目，给学生创造出国交流的机会。如2013年，嘉庚学院与荷兰温德斯海姆应用科技大学签署免费交流生项目合作协议，两校学生可在对方学校学习一学期的相关课程。

立校15年来，学校与美国、英国、日本、新加坡、加拿大、新西兰、澳大利亚、法国、荷兰等国家的多所高校开展了校际交流与合作，并与28所海外知名高校建立了人才培养合作关系。走出去，迎进来，培养具有全球视野与世界眼光的人才，成为嘉庚学院办学的一大亮点与特色。

（六）开展创新务实的学生工作，促进学生身心健康成长

做好学生工作，对独立学院来说不仅是一种义务和责任，也是在竞争中求生存图发展的需要。学校特意为全体新生量身定做了一份调查问卷，了解大学新生到校后的需要、想法与期待。学校推出一个名为“谈心日”的活动，每周安排一天，定期接待需要特别心理服务的同学。还举办了主题为“如何经营大学时光”的活动周，内容包括校史讲座、优秀学生代表经验讲座、“我的大学生活”征文比赛和系际友谊赛等。这些活动是为了引导学生正确踏入大学征程，科学地规划自己的大学生活；丰富学生课余生活；加强学校与学生、教师与学生、学生与学生之间的沟通与了解，增强整个学校的集体凝聚力。同时，学校也希望这些活动有助于激发学生对自身定位的思考，使他们较好地融入嘉庚学院的办学理念中。

学校还引导学生成立了众多学生社团，涵盖了体育竞技、科技学术、文化艺术、社会实践等方面。多姿多彩的社团活动丰富了学生的课余生活，培养了学生健康的兴趣爱好，锻炼了学生的组织协调能力，活跃了校园文化生活。同时，学生社团在思想政治教育、科学知识普及、实践能力培养、提高身体素质、建设和谐校园等诸多方面也发挥着重要的作用，有力地促进了学生的健康成长。

此外，学校还成立了大学生新闻社，作为由学校传媒中心组织和指导的全校性学生新闻机构，以学校网站、校报、官方微博、官方微信、广播电台为主要宣传阵地，全方位报道学校动态，宣传学校成就和展示学生积

极向上的精神面貌，为学生的身心健康成长营造温馨温暖的良好氛围。

三、发展愿景与展望

学校将长期坚持遵循“以学生为中心”的办学理念，围绕“人才培养”这一核心工作，在不断提高教学质量的同时，加大力度，循序渐进，积极推进科研工作，从而提升学校的办学水平和质量，增强学校服务社会的能力。学校还将努力聘用高素质的师资，建立一支高水平、重职责、有爱心的教师队伍；大胆创新，改进教学方法，提升教学质量，实行能适应市场变化和个人需求的灵活的课程体系；致力于培养具有广泛知识面、扎实的专业根基以及应变和创新能力的优秀毕业生；建立有助于有效教学的学校文化；建立广泛的海外联系，积极寻求各种形式的合作办学。种种的努力，都是旨在为学生提供一种主动参与、教学互动和突出各种能力培养的丰富的学习经历，为学生创造一种具有挑战性和富有教学成效的良好成长环境。

放眼未来，嘉庚学院全体同人将秉承嘉庚先生爱国主义精神和“自强不息，止于至善”的办学精神，发挥团队精神，怀着敬业、合作、务实、创新的共同理念，用质量打造品牌，以创新推动发展，努力将嘉庚学院办成国内同类高校中一流的、获得国际广泛认可的、以有效教学见长的一所新型优质大学。

北京工业大学耿丹学院——培养具有创新精神和国际视野的复合型、应用型高级专门人才

王帅 *

摘要： 建校十余年来，学校以“开放式、国际化、应用型”为办学定位，以“培养具有创新精神的复合型、应用型高级专门人才”为办学目标，以“工科背景、学科交叉、校企结合、国际视野”为办学特色，形成了以能力为导向的人才培养模式。学校以工科为背景，以现代服务业艺术设计类相关专业为特色，工、经、文、艺、管相结合，多学科相互渗透、协调发展。近年来，学校实行了“组合学分制”的人才培养体系改革，促进多元化人才培养，并坚持“引进来”“走出去”，推动人才培养的在地国际化，不断提升办学质量与水平。

关键词： 应用型　复合型　创新精神　高级专门人才

北京工业大学耿丹学院创办于 2005 年，是经教育部批准成立的一所全日制普通本科院校，学校以中国早期教育家、革命家、留英博士——耿丹烈士的名字命名。学校秉承公益性办学理念，传承耿丹烈士伟大的爱国主义精神，铸造“耿耿丹心，为国为民”的校魂，践行“学会学习，决心奋斗，追求先进，争取全面”的校训，致力于打造一所担负社会使命的百年大学。

---

* 王帅，男，中国教育科学研究院助理研究员。

一、学校情况介绍

（一）基础设施

北京工业大学耿丹学院坐落于北京市顺义区，校区占地面积 32.73 万平方米，其中绿地面积 22.33 万平方米，绿化率达 50%。校园四季景色宜人，是首都绿化美化花园式单位。得天独厚的地理和人文资源，赋予师生源远流长的文化底蕴和日新月异的创新与时尚。学校教学科研及辅助用房面积 127321 平方米，行政用房面积 4322 平方米，生均教学行政用房面积约为 24.34 平方米；实验室、实习场所面积为 10909 平方米，生均实验室面积 2.16 平方米；专用科研用房 7460 平方米。2017 年以来，学校投入 9800 万元，建设 26000 平方米国际商学院大楼、15000 平方米游泳体育中心，新增改建 4632 平方米工程创新中心等，改善了办学条件，优化了育人环境。

（二）专业设置

学校设有国际商学院、国际设计学院、人文学院、工学院四个二级学院，开设了财务管理、国际经济与贸易、市场营销、体育经济与管理、金融工程、视觉传达设计、数字媒体艺术、产品设计、城乡规划、建筑学等 25 个本科专业，涵盖 6 个学科门类，初步形成以工学、艺术学为背景，以现代服务相关专业为特色，工、商、文、管、艺相结合，多学科相互渗透、优势互补、协同发展的专业布局。

（三）师资队伍

学校有教职工 321 人，其中专任教师 223 人，实验技术人员 9 人，外聘教师 121 人，生师比为 17.83∶1。专任教师中正高职称 19 人，副高职称 64 人，中级职称 89 人，初级职称 48 人。具有海外学历背景教师 66 人，双师双能型教师 91 人，外籍教师 31 人。各系部主任与专业负责人均来自国内重点院校，以及具有海外留学背景和企业背景的双师型学者。与此同时，对中青年骨干教师的培养也作为近年来的一项重要工作。把国际化作为战略先导，全面开展教师海外进修项目，已经派多名教师到哈佛大学、斯坦福大学、爱尔兰都柏林理工学院、美国陶森大学等国际知名大学进修学习，开阔教师眼界、增强对本专业前沿知识的了解掌握、提高全球意识和国际化观念。目前，一支素质优良、结构合理、人员精干、梯次分明和相对稳定的师资队伍渐趋形成，为5000多名耿丹学子的培养提供良好的人才保证和强力支撑。

（四）信息资源

耿丹学院信息资源的建设与应用为学校教学科研服务，学校拥有先进的校园网络系统，实现办公自动化，自主开发耿丹混合学习系统、耿丹微信学习App等网络辅助教学系统。现共有主干带宽900Mbps，网络接入信息点数共计9800个，电子邮件系统用户3332个，管理信息系统数据总量有60GB，实现了无线网络校园全覆盖，各教学场所、学生公寓、教师宿舍、办公楼宇均接通校园网，师生员工可以方便地获取网上教学资源。

（五）办学层次与服务定位

学校以本科教育为主体，创造条件发展其他层次教育。积极发展国际合作办学，适度发展服务区域经济的继续教育，形成了多层次、多类型教育相结合的办学体系。学校立足地方，服务首都，面向京津冀，辐射全国，放眼“一带一路”倡议，服务学生终身发展、服务产业转型升级、服务国家重大发展战略。

二、培养具有创新精神和国际视野的复合型、应用型高级专门人才

学校以工科为背景，以现代服务业艺术设计类相关专业为特色，工、经、文、艺、管相结合，多学科相互渗透、协调发展。坚持立德树人，培养具有创新精神、创业能力、国际视野的德智体美劳全面发展的复合型、应用型高级专门人才。

（一）“组合学分制”的人才培养体系改革

1. 学分制改革

基于组合学分制的全面教学改革，是耿丹学院借鉴国际先进经验并进

行本地化创新的重要改革措施。结合学校生源特点，体现以学生为中心，学习产出导向贯穿于学分体制、课程设计、教学方法、质量保障等不同维度。组合式的学分体制是学校全面教育改革的核心，分为多选择的课程组合，以及课上课下整体设计的学分制度两方面的内容。多选择的课程模块组合：通过将通识课、专业核心课、专业拓展课进行不同的组合，配合以自我认知与发展和专业探究课程，帮助学生在明确自我兴趣与规划的基础上规划并选择学习的路径，学生有 4 次选择和 5 种不同的专业深入学习或跨学科学习发展路径。

实行课上课下整体设计的学分制度。借鉴并本地化创新欧盟高等教育博洛尼亚进程的标准，不再以某一门课程的教师讲课时长衡量学分权重，转而以学生需要投入的学习时间作为学分的标准。在此标准下，1 学分等于 25 学习时，根据课程需要，调整师生共同学习时（课上）和学生自主学习时（作业、工作室、项目实践等）的比例，并进行统一设计。这种设计为以学习产出为导向的课程体系、过程考核体系、可迁移能力的综合培养等课程改革措施提供了有力的支撑。

2. 课程设计改革

以学生每周需要学习 40 小时为标准，按照课程特点和需求，分配课上学习与自主学习时间比例，科学设计课前、课堂和课后学习任务；同时，以教研室为单位，跨课程将过程考核的时间、形式以及对不同可迁移能力的侧重进行关联调整，以实现合理安排学生每学期 1 ~ 16 周的自主学习时间的分配，并将专业能力考核与表达沟通能力、合作能力、创新思维、研究能力等各项综合能力的考核进行和谐统一，实现高质量应用型人才培养。

3. 教学方法改革

学校参考 MIT 研究成果和国家应用型本科培养要求，针对高等教育普及化背景下的生源特点，制定了从教师向导师转变这一指导思想，鼓励教师从怎么“教”好，转变为怎么帮助学生学好。

这包括：一是促进教学内容进行解构重构。针对业界应用的需求和学生学习过程的逻辑顺序，对教学内容进行解构和重构，强化理论体系和应用之间的联系，促进学生所学即所用，加强学生的学习兴趣和对知识的理解，强化过程考核。通过课堂内外统一设计、统一考核、大幅提升过程考核的比重等方式，消除“考前突击”的现象，通过过程考核成绩与期末考核成绩对比验证，严格过程考核质量；通过设置期末考核最低分数，保持期末考核的重要性。二是强化实践式教学。通过将理论课程实践化、实践课程对应理论知识等方法，融合工作室教学、项目教学、实习教学等各种形式，在运用中提升理解和增强专业能力。同时重视跨专业融合，打造专业群与产业链的对接，培养学生适应产业转型发展的核心竞争力。为了实现数字媒体技术和艺术的完美结合，培养复合型人才，在数字媒体技术、数字媒体艺术两个专业共同构建光影应用技术研发中心，带动工业设计、国际经济与贸易、电子信息工程等专业，融合社会科学、人文科学、网络艺术、数字媒体技术、网络直播、影视制作、数字传播学等交叉学科的知识、技术、技能，面向影视制作、数字娱乐、网络媒体、交互多媒体制作、广告创意、移动传媒等不同领域培养复合型人才。

（二）多元化人才培养

1. 利用研发平台，实施项目化教学

充分利用研发中心、工作坊平台资源及多元组合的校企团队人才优势，实现教学内容与企业项目任务对接，真题真做。ShowBIM 师徒邦情景教学工作室师生，2017—2018 年度参与完成耿丹学院钟楼项目、耿丹学院游泳馆 BIM 项目、耿丹学院配电站改造 BIM 项目、耿丹美食驿站等耿丹校园建设项目，真正实现了“教书育人”与“新技术实战”相结合。光影应用技术研发中心是集光影设计、光影艺术研究、光影项目实践，跨界融合的科研平台、双创基地，完成了首都机场 T3 航站楼售票大厅音乐灯光秀设计与制作、缸体音乐灯光秀设计与制作、九龙壁音乐光影秀设计与制作，中央电视台中秋晚会大庆兰德湖灯光装置设计，中宣部外宣片《乐享春节》成像设计，风动丝绸艺术装置设计与制作，全国青少年法制教育基地交互装置设计，温都水城灯光艺术节设计，数字绘画艺术与光影表现，

中体视效光影互动体育项目，河北省张家口武家庄光影装置设计，廊坊文创100文化基地光影教堂项目，大庆思特公司冰雪艺术节等大量国内各种灯光、光影设计项目，近200人次学生直接参与了项目。

2. 开展双创教育，培养创新创业能力

将创新创业教育融入人才培养全过程。学校开设双创教育及《职业生涯规划及就业指导》课程105门，引进超星、智慧树的《创业家说创新》等网络课程。以工学院为例，形成了以机器人工作室、3D打印工作室、智能设计与制造工作室、BGD工业设计工作室、耿丹BIM学院、城规工作室、光影设计工作室、前端开发教学与实践中心、Java开发教学与实践中心、互联网开发教学与实践中心、嵌入式系统开发与应用教学与实践中心、电子互动装置设计教学与实践中心、现代通信与网络集成教学与实践中心、VR/AR游戏开发教学与实践中心等一批教学创新的前沿基地。

开展丰富多彩的创新实践活动。学校拥有双创教育专任教师69人，具有就业指导师资格的专任教师7人，双创教育兼职教师60人，组织教师创新创业专项培训318场次，有校内外教师3572人次参加了创新创业专项培训。

学校依托工程创新中心等平台建立了64个创新创业教育实践基地，参与国家级大学生创新创业训练项目11个，省部级大学生创新创业训练项目24个。学生参加大学生创新创业训练计划共计359人次，其中参加创新计划项目302人次，创业计划项目57人次，国家级计划项目136人次，省部级计划项目223人次。

学校加强对学生参加校内外科技文化活动的引导和培训，2017—2018学年内共邀请国内外、校内外专家、学者开展讲座113次，开展校内外科技文化活动84次。

3. 强化过程考核，提升人才培养质量

学校加强课程考核方式改革，突出以能力培养为本，注重形成性评价，推动结果考核向过程考核转变，明确规定学生课程平时成绩必须占课程总成绩的70%~80%，从课堂纪律、课堂讨论、作业测验、读书笔记、社会调查报告、课外专业实践活动、小组合作学习等要素进行考核。过程管理使得学生在过程中了解自身不足，有时间改正错误，可以帮助学生克服时间拖延症，调动学生内驱力，激发良性需求。

（三）在地国际化教育

学校为了提升服务产业转型发展的能力、服务国家重大发展战略，在打造专业特色、培养具有国际化视野的高端人才方面作出了有益的探索与实践，并取得了较好的成效，为学生提供性价比高的优质教育与便利条件，学生升学留学有通道、就业创业有能力，努力办社会满意的教育。开发中外合作项目，为学生提供学位攻读、学期研修、暑期语言夏令营、假期专业实习、创新创业夏令营、文化之旅、国际工作坊等多种境外交流机会。

自 2015 年开始，学校先后在八个专业成立了国际班，分别探索整体引进优势专业、部分引进优质课程、增加 EAP 英语学习比重和纯英文授课比例等多种教学模式。

视觉传达设计和城乡规划专业于 2016 年 9 月起，执行本土化改进之后的都柏林理工大学的人才培养方案，探索具有普遍适用性的全英文授课模式，三分之一的课程由外教授课，截至 2017 年 10 月，2016 级视觉传达国际班（大二年级）有一半以上学生获得境外高校奖学金或在省部级以上竞赛中获奖，其中的两名优秀学生在大一学习结束时即获得爱尔兰都柏林理工大学免雅思成绩入学的资格。城乡规划专业人才培养质量得到来自芬兰和爱尔兰的学术界和业界外考官的高度评价。2015 年 9 月，商学院通过校内自由报名首次成立国际班，通过国际化课程和增加 EAP 英语教学的比重打造国际化学习环境。2017 年 9 月，信息工程系成立计算机和通信专业国际班，采用项目制工作室模式由外教授课，目前学生反馈良好，初步具有了用英语进行专业沟通的能力和良好的实践能力。参与式教学、EAP 英语教学、全英文授课、专业委员会制度、外考官制度等，众多成功的改革与探索都是先从国际班实施，并逐步推广到全校各个专业。广泛进行对外合作和培养学生发展全球视野。学院和 20 多个国家和地区的 50 多个高校进行长期的合作，为学生提供学位学习、学期研修、暑期语言夏令营、假期专业实习、创新创业夏令营、文化之旅、国际工作坊等多种境外交流机会，平均每 100 个学生，在 4 年在校期间，有 17 人次参加境外长短期项目。2017 年，学校还承接了来自英国、马来西亚、印度尼西亚、比利时、爱尔兰的学生和教师来校进行短期工作坊学习，合计 355 人次。

三、发展规划与愿景

学校重视发展规划工作，办学不久就制定了 2005—2009 年建设与发展规划。根据国家经济社会发展的需要和学院中长期事业发展目标的要求，学校在研究和制定战略发展规划的过程中，确立了整体规划、分步实施的“三步走”发展战略：第一步，2008—2011 年，重点加强基础条件建设和校园环境建设，为学院可持续发展奠定基础。第二步，2012—2015 年，整体推进学院各项教育改革工作，力争在学科建设、人才培养、服务社会等方面取得重大突破，使学院事业发展呈现新局面，再上新台阶。第三步，2016—2020 年，以本科三本学生教育为主向本科二本学生与一本学生教育并重的生源转变，以工科为主的多科性大学向多学科协调发展、专业培养特色鲜明的应用型大学转变。到 2020 年左右，将学校建设成为整体水平在国内同类院校领先、优势学科达到国内先进水平、特色鲜明的教学和应用科研型大学，成为北京市应用型工业技术人才、现代服务业人才的培养基地，成为开放式办学的国际交流中心之一。在此基础上，再经过 30 年的努力和奋斗，力争到 2050 年，将学校建设成为一所特色鲜明、以质量著称的创新创业型大学，成为世界优秀教师争相来此任教，优秀学子争相来此学习的教学研究型、特色专业国际上有影响的民办大学，为把耿丹学院建成百年学府和名校打下坚实的基础。

面对新形势、新要求，学校清醒地认识到人才培养工作还存在着一些需要改进和优化的地方。在发展愿景上，一是要进一步均衡专业发展水平。针对市场需求动态新增的急需专业，师资数量和质量有待提升，跨专业、跨学科深度融合与创新的步伐有待加快。强化信息化建设在专业发展中的支撑作用，增强“云、物、大、智”思维在专业建设等方面的应用。二是要进一步提升科研能力水平。尽管学校引进了很多有丰富经验的人才，也投入了很多资金搭建了很多产学研合作的平台，但是学校教师承担的纵向课题和横向项目较少，成果显性意识差，导致科研成果较少。学校将进一步增强科研思维意识，加大科研投入，强化动力机制，拓展项目渠道，增加项目成果转化率。

西北师范大学知行学院——建设“专业特色鲜明、应用优势突出、教育质量优秀”的应用技术型大学

王帅*

摘要： 建校十余年来，以全新的办学机制，先进的办学理念，充分发挥教育资源重组优势，秉承“知术欲圆、行旨须直”的校训，努力向“专业特色鲜明、应用优势突出、教育质量优秀”的应用技术型大学目标迈进。在准确定位专业人才培养目标与培养规格的基础上，学校各专业根据人才的知识、能力、素质要求，不断优化人才培养方案，注重应用技能培养，提高人才培养质量。通过全面的教学建设与改革，建立健全教育教学的质量保障体系，以及探索特色发展，推动学校取得了长足的进步。未来，学校要进一步优化管理机制，解决发展瓶颈；立足应用特色，强化师资队伍建设；拓展合作办学模式，提升社会服务能力。

关键词： 专业特色　教育质量　应用技术型大学

西北师范大学知行学院成立于1999年，2004年经教育部确认为首批独立学院，是以全新机制和模式办学、具有独立法人资格的全日制普通高等院校。学校面向全国招生，招生计划纳入国家普通高等教育统招计划。学校坐落于兰州市安宁区，与西北师范大学、兰州交通大学、甘肃政法学

---

* 王帅，男，中国教育科学研究院助理研究员。

院隔街相望。校园环境整洁，交通便利。学校传承百年名校严谨的治学传统、丰富的人文积淀和深厚的学术底蕴，继承和发扬“爱国进步、诚信质朴、艰苦奋斗、自强不息”的精神，积极创建现代化气息浓厚、人文精神饱满的育人环境，全力实现严格治校、严肃治教、严谨治学的办学宗旨。

一、学校情况介绍

（一）基础设施

学校紧密依托西北师大，全面实行资源共享，具有良好的办学条件，有各类教室 300 余间，可同时容纳万余名学生学习使用。学校有微机室和各类实验室 90 余间，能够满足学生实验、实训需要。图书馆藏书 58 万余册，馆内布局科学合理，阅读环境优雅舒适。学校还建有校园宽带网络、外语教学广播系统、大学生活动中心、体操训练室、美术展览室等设施，各类运动场地面积约 27000 平方米，为学生开展丰富多彩的文化体育活动和课余社团活动提供了良好的环境。

（二）人才培养目标及服务面向

学校在总结多年办学经验的基础上，在“十三五”规划中进一步明确了“面向区域生产、建设、管理、服务一线，培养具有良好的基础理论知识和综合素质，较强的应用能力和实践创新能力，德智体美劳全面发展，能胜任相关行业、职业和岗位工作需要的应用型人才”的人才培养目标。在准确定位专业人才培养目标与培养规格的基础上，各专业根据人才的知识、能力、素质要求，不断优化人才培养方案，注重应用技能培养，提高人才培养质量。2018 年学校面向河北、安徽、江西、河南、湖北、海南、四川、陕西、青海、宁夏、新疆、甘肃等 12 个省（区），招收国家全日制普通本科生 2330 名，学校现有在校普通本科生 8398 人。

（三）专业设置

学校专业结构合理，特色鲜明。现设中国语言文学系、外国语言文学系、新闻传媒系、法律系、数学系、计算机与电子信息工程系、经济管理系、艺术系、教育管理系、环境科学与工程系及公共课程教学部、思想政治理论课教研部等12个系（部），8个职能处室和2个教辅单位。开设有汉语言文学、新闻学、广播电视编导、广播电视学、英语、西班牙语、翻译、法学、数学与应用数学、应用统计学、电子信息工程、计算机科学与技术、物联网工程、信息管理与信息系统、工商管理、会计学、人力资源管理、美术学、环境设计、视觉传达设计、产品设计、动画、广告学、教育学、心理学、公共事业管理、学前教育、税收学、环境科学与工程、环境工程等30个全日制普通本科专业，涵盖文学、理学、法学、工学、管理学、经济学、教育学、艺术学等8个学科门类、18个专业类。

（四）师资与人才队伍

学校汇聚高教人才资源，实现师资互惠共有。现有170多名专职专任教师、450余名专任教师组成的相对稳定的教师队伍，有外籍教师5人。专任教师中教授、副教授占40.7%。同时，与西北师范大学的资源共享、师资共有的渊源关系，进一步保证了学院结构合理、素质较高、择优执教的教师资源。西北师范大学现有专任教师1272人，教授280人，副教授519人。博士生导师123人，硕士生导师898人。

二、建设“专业特色鲜明、应用优势突出、教育质量优秀”的应用技术型大学

学校2012年被甘肃省民政厅评为“中国社会组织5A级单位”；2015年荣获“全国先进社会组织”荣誉称号，受到民政部表彰。在西北师范大学宏观指导下，学校正以全新的办学机制、先进的办学理念，充分发挥教育资源重组优势，秉承“知术欲圆、行旨须直”的校训，努力向“专业特色鲜明、应用优势突出、教育质量优秀”的应用技术型大学目标迈进。

（一）全面的教学建设与改革

1. 优化专业结构

学校按照调整专业存量与做优专业增量并举的思路，优化专业结构。在存量调整方面，主要从三个层面入手：一是对汉语言文学、美术学、学前教育等生源较好、具有相对优势的专业，主要以品牌化专业建设为重

点，进一步强化应用特色，提高专业的知名度；二是对会计学、工商管理等生源相对较好或有潜在发展前景的专业，主要以应用型改造和培育特色为重点，促进专业转型，激发发展活力；三是对教育学、广播电视学、新闻学（编采方向）等生源严重不足、就业率低、无特色和竞争优势、转型困难的专业，减少招生计划、隔年招生或停止招生。在做优增量方面，主要以现有专业为基础，面向社会需求，重在补自身短板。近年来，我院优选的物联网工程、税收学、环境科学与工程、应用统计学、西班牙语等新专业均成功获批并已开始招生。

2. 强化课程与教材建设

在课程建设方面，主要举措包括：一是修订完善课程教学大纲。二是继续开展重点课程建设。2016 年，共有 11 门课程被确定为校级重点课程。三是优化综合素质类课程结构，引进线上优质教育资源。2016 年，共引进尔雅通识课程 100 门次。四是充分利用图书馆丰富的数字资源，引导学生开展自主学习、合作学习、研究性学习，培养学生的创新意识和创新能力。

在教材建设方面，学校严格按照《西北师范大学知行学院教材工作条例》的规定，坚持适用、选优、更新、统一和稳定的原则。优先选用适合应用型人才培养需求的国家规划教材、教育部“面向 21 世纪课程教材”、教育部教学指导委员会推荐教材、省部级以上获奖教材以及同行公认的优秀教材；倡导选用近 3 年出版的、能反映学科发展最新成果的高质量教材。坚持按正确性、科学性、基础性、配套性、规范性、启发性的要求选用教材，确保高质量教材进课堂。

3. 强化实践教学环节

为强化技术技能型人才培养，学校从规范实践教学环节入手，将实践教学贯穿于人才培养的全过程。具体来说：一是规范实践教学环节，将实践教学贯穿于人才培养的全过程，使人文社科类专业实践教学环节所占比例由 10% 增加到 20% 左右，工科、艺术类学科专业实践教学环节所占比例由 15% 增加到 30% 左右，教师教育类专业学生教育实践不少于一个学期。二是强化校内实践教学条件建设。学院为提高实验教学质量，建设面向多学科、多专业的实验教学中心，提高实验教学效果。2016—2017学年，学校共投入资金846万元，新建了3D打印实训室、物联网实验室、财政税收实训室、艺术设计实验室、新闻采编室、电子钢琴实训室、学前教育综合实训室、游戏室活动室、音乐实训室、舞蹈室、书法实训室、心理咨询室、乒乓球室及体操室等34个专业实验室。三是强化校外实践教育基地建设。校内实训重在练好基本功，在强化校内实训环节的同时，我们还通过校外实践教育基地，给学生提供校外真实的"实战环境"，使学生有机会把校内实训所学运用到真实的职场环境中。总之，校内实训是校外实践的前提和基础，校外实践是校内实训的延伸和发展，将校内实训与校外实践有机结合，两者相辅相成极大地提高了学生的创新意识和实践能力。

4. 组织学生参与学科专业竞赛

近年来，学校高度重视学生学科专业竞赛工作，始终把各级各类学科专业竞赛作为培养学生创新精神和实践能力的重要平台，通过多种措施激励学生参加竞赛的积极性，竞赛成绩逐年提高。学校学生在全国大学生电子设计竞赛、全国信息技术应用水平大赛、中国大学生计算机设计大赛、甘肃省金城大专辩论赛、全国大学生广告艺术大赛、甘肃省大学生艺术展演、甘肃省大学生"创新杯"计算机应用能力竞赛、"挑战杯"全国大学生课外学术科技作品竞赛、大学生手工会计分岗位技能大赛、大学生文学艺术作品竞赛、大学生ERP应用能力大赛等各类竞赛中，多次取得骄人成绩，学校获得"优秀组织奖""精神文明单位"等多项奖励。2017年在第十届中国大学生计算机设计大赛中荣获国家级三等奖3项、西北赛区一等奖2项、二等奖1项、三等奖11项；在第七届全国（商务）秘书职业技能大赛中荣获个人一等奖2项、团体二等奖1项、团体三等奖1项；在第九届大学生广告艺术设计大赛中荣获一等奖2项；在甘肃省第五届大学艺术展演活动中荣获团体二等奖2项、三等奖4项，个人一等奖34项、二等奖35项、三等奖39项；在第三届甘肃省大学生ERP应用能力竞赛中荣获个人三等奖1项；在第十一届"挑战杯"甘肃省大学生课外学术科技作品竞赛中荣获特等奖 1 项，二等奖 5 项，三等奖 19 项等。

5. 持续深化教学改革

学校围绕向应用技术型大学转型发展，持续深化教学改革，全面提高人才培养质量。这包含了教学内容、教学方法和教学评价三个方面的改革。

在教学内容改革方面，一是立足学院应用型人才培养目标，以夯实学生基础理论为根本，以提高学生实践能力为主线，以培养学生的动手能力和创新能力为目标，组织开展各专业课程教学大纲修订工作，强化学生实践能力培养；二是建立在线开放课程建设、引进、管理、评价等制度，引进优质在线开放课程和线上学习平台；三是不断推动实践教学改革，强化实践教学质量监控，规范实践教学管理，提高实践教学质量。

在教学方法改革方面，围绕专业人才培养目标和能力要求，积极推动教学方式方法改革。一是创新教学理念，完善学院相关政策，为广大教师投入教学方法改革提供制度保障；二是广泛开展教学研究，采取有力措施，鼓励教师采用任务驱动、项目导向、问题教学、案例教学等以学生为中心的教学方法；三是通过开展讲课比赛和教学观摩活动，不断提高广大教师的教育教学能力，着力进行教学方法和教学模式的改革。

在教学评价改革方面，以实践能力考核为导向，修订完善考试与成绩管理办法，形成与应用型人才培养相适应的考核制度；以增强应用能力为重点，开展考核方式改革，大力推行实验操作、现场模拟 / 仿真、方案汇报、作品展示、项目设计等课程考核方式。学院对《计算机基础》《西方文化》《市场营销学》《儿童发展心理学》等 4 门课程进行了考核方式改革试点。

（二）建立健全教育教学的质量保障体系

学校制定并印发了《西北师范大学知行学院“十三五”发展规划》，明确提出学校突出教学重心地位，高度重视人才培养工作，始终坚持把人才培养作为学校的根本任务，把人才培养质量作为学校的生命线，学校人才培养质量稳步提高。

1. 打造教学管理队伍

多年来，学校逐步形成了一支由校长、主管教学副校长、教务处、各系（部）主任、副主任和教学秘书组成的教学管理队伍。校长作为教学工作第一责任人，全面负责学校的教学管理工作，主管教学工作的副校长主持日常教学管理工作。学校积极聘任西北师范大学及周边高校的资深专家教授担任各系、部、中心主任和教学管理部门负责人，发挥他们熟悉教学管理、基础理论扎实、教学经验丰富的优势，提升学校整体教学管理水平。学校现有教学管理人员 39 人，其中副高职称以上 18 人，占 46.15%。

2. 优化学风建设

为营造良好的教学环境和学习氛围，激励大学生志存高远、努力学习，充分调动广大教职员工和学生的积极性，促进人才培养质量不断提高，学校出台了《西北师范大学知行学院加强学风建设的意见》《西北师范大学知行学院学术规范条例》《西北师范大学知行学院关于加强和改进校园文化建设的意见》《西北师范大学知行学院学位论文作假行为处理实施细则（试行）》《西北师范大学知行学院学生网上评教办法（试行）》《西北师范大学知行学院学术不端行为查处细则（试行）》等文件，从学校、教学单位、教师、学生四个层面强化学风建设，效果显著。

3. 建立教学质量监控体系

为提高教学质量，学校紧紧围绕人才培养目标，构建了以专业人才培养方案为核心，以提高人才培养质量为目标，以学校领导、教学工作委员会委员、教务处人员和各系（部、中心）主任为主体的教学质量循环监控体系。通过教学前监控（青年教师培训、开课计划审核、开学初教学检查）、教学过程监控（随机听课、学生评教、教学督导信息反馈、学生信息员信息反馈、教学过程检查）、教学后监控（学生评教、期末教学检查、考试环节管理、试卷及成绩分析）和教学激励（讲课比赛、教学工作奖励、教学研究立项）、教学效果分析（教学质量满意度调查、毕业论文质量分析、毕业生跟踪调查）等手段，对教学质量进行全面的监控和管理。

4. 强化日常教学监控

一是坚持教学工作检查制度。每学期开学、期中和期末开展三次全校性教学工作检查，节假日前后教学检查以及教学秩序检查，形成了常规检查和随机检查、综合检查和专项检查、系部检查和学校巡查相结合的教学工作检查体系，及时研究解决教学检查中发现的问题。二是坚持各级领导听课制度。通过开展各级领导、教学管理人员听课评课工作，加强了教学质量监控，促进了教学监控的科学化。三是充分发挥教学工作委员会等对教学工作的监督、检查力度。通过委员会成员不定期听课，听取教师及学生的意见和建议，促进师生交流，达到教学相长的目的。四是认真组织开展全校范围内的学生评教、教师评学等活动。通过学生对任课教师的工作态度、师德师风和教学水平进行量化打分，以及任课教师对所授课班级学生的学习态度、学习风气和学习效果的书面评价，达到以评促教、以评促学的目的。

（三）多措并举，探索特色发展

1. 深化改革，积极探索转型发展新思路

学校根据教育部、甘肃省教育厅等文件精神，积极探索产教融合、校企合作的新途径，积极探索建立具有本校特色的应用型人才培养模式。学校认真总结各项工作成效，准确研判学校发展面临的机遇和挑战，分析新形势、把握新机遇、研究新矛盾、应对新挑战，围绕向应用技术型大学转型发展，继续深化教学改革，全面提高人才培养质量，不断完善应用型人才培养模式。通过教学内容、教学方法、教学评价等方面的深化改革，进一步积极促进学院的转型发展。

2. 全面提升，加强师资队伍建设

学校积极探索“双师型”教师的培养途径，加大培养力度，多渠道培养教师：一是选派教师参加培训，不断提高教学能力，2016—2017 学年共选派 100 余名教师参加各类培训和进修。二是鼓励教师在职攻读学位，提高学历层次。全校共有 5 名教师在职攻读硕士学位 ,1 名教师攻读博士学位。三是实施教师教学科研能力提升计划，不断提升教师的教育教学水平和科研能力，全面服务应用型人才培养。开展了青年教师讲课比赛、青年教师导师制终期考核和中期检查，为13名青年教师配备了导师，组织青年教师导师制公开教学120余场；派出20余名教师参加高校创新创业教育师资高级研修班、翻转课堂与信息化教学研修班、2016年“名师西部高校行”等教研培训活动。举办学术交流报告20余场，按系部、分学科开展教学研讨活动130余场。组织教师参加了教育部“高校教师网络培训”。学校积极营造“重才、爱才、惜才、吸才”的人才工作氛围，为教师搭建良好的成长平台，增强教师提高实践能力的积极性、主动性。

3. 深度融合，增强校企合作交流

学校积极与行业、企业单位共建校外实习实训基地，推进与行业企业的深度融合，加强学生实践能力培养。2016年与兰州新区科技创新发展管理有限公司、兰州成志职业培训学校、兰州交通大学幼儿园、兰州市安宁区新地幼儿园、甘肃新泽尔文化发展有限公司、兰州大创就业服务有限公司、甘肃金溢环境工程技术有限公司、甘肃平凉中兴环保科技有限公司、天水陇泰职业卫生咨询服务有限责任公司、深圳嘉德瑞碳资产股份有限公司等10个单位签署合作协议，建立实践教育基地（实习基地）。

4. 精心打造，传承创新校园文化建设

学校通过整合校内资源、挖掘校园文化的潜在育人功能，组织开展文化、体育、艺术、社会服务及大学生学科专业竞赛等活动，营造文化育人和实践育人氛围，培养学生的人文素质和科学精神，不断提升学生综合素质和竞争能力。在广泛开展以文娱体育为主的课外活动的同时，加强“体育之春”“夏季创新创业活动”“艺术之秋”和“冬季读书学术活动”传承和创新，树立精品意识，注重活动的内涵性、创新性、普及性和教育性。同时，学校多措并举，通过大学生艺术素养培育、学习型社团扶持与培育、大学生学术科研（竞赛）项目专项扶持、大学生典型培养与先进引领、社会实践成效提升与实践基地建设、新媒体阵地建设等一系列特色校园文化建设活动，进一步提升内涵发展水平。

5. 立德树人，服务学生成长成才

学校坚持“德育为先、能力为重、全面发展”的育人理念，立德树人是教育的根本任务，向应用技术型大学转型发展的着眼点和落脚点是培养德才兼备并符合社会需求的应用技术型人才。学生工作坚持立德树人，加强思想引领，树立“以人为本”服务意识，不断加强学生工作队伍建设，通过奖助学金评定、学生就业创业指导、创新创业能力培养等方面进一步全面提升学生综合素质，服务学生成长成才。

学校深入贯彻习近平总书记系列重要讲话精神，坚持以立德树人为根本，以服务地方经济社会发展为宗旨，以促进就业为导向，深化教育教学改革，推进产教融合、校企合作，着力培养实践动手能力和创新创业能力强，具有较好专业基础及良好综合素质的高层次应用型人才，努力建设特色鲜明的高水平应用技术型大学。

三、发展愿景

经过十多年的发展，学校办学设施和教学条件有了明显改善，教学管理日趋规范，人才培养质量不断提高，取得了较为显著的成绩。但随着国家和社会对人才培养质量和规格要求的不断提高，学校发展受办学空间、师资队伍、专业结构等因素制约的问题日益突出，需要在今后的发展过程中努力改进和完善。

（一）立足应用特色，强化师资队伍建设

为实现学校应用型人才培养目标，必须不断加强双师型师资队伍建设。目前，学校师资队伍建设现状尚不能完全满足应用型人才培养的需要。今后，学校将按照数量、结构和质量协调发展的原则，采取在职教师深入企事业单位挂职锻炼、对专业性强的工作岗位实行资格准入制度等措施，进一步加大“双师型”教师的培养和引进力度，努力建设一支结构合理、数量适当、素质良好、富有活力、适应学院应用型人才目标要求的师资队伍。

（二）拓展合作办学模式，提升社会服务能力

校企合作是培养应用型人才的重要途径，通过合作，能有效整合双方的办学资源，实现学生与就业岗位的无缝对接，提高人才培养质量和就业竞争力。学校对此进行了初步的探索和实践，但合作规模和领域仍需进一步拓展。今后，学校将进一步解放思想，不断探索新的合作模式，加大合作办学的力度，使合作办学、合作育人、共同发展成为学校应用型人才培养的又一特色，努力为地方经济建设和社会发展服务。

·展望篇·

独立学院的发展困境和对策建议

罗媛*

摘要：独立学院是世纪之交为缓解我国高校扩招导致资源紧张的特定发展阶段形成的具有我国特色的办学模式，在享有较高学历层次、共享母校资源、采取民营机制等方面具有独特的优势和特点。然而，由于缺乏规范的法律进行约束，独立学院在办学过程中也出现了法人财产权属不清、管理体制不完善、人才培养质量不高、教师流动性大、办学特色不突出、办学混乱等问题，并在当前面临转设困境。本文旨在分析独立学院当前面临的各种发展问题，并针对这些问题提出相关的政策建议。

关键词：独立学院　困境　转设

独立学院在我国经过20年的发展，不断壮大，已经成为我国高等教育的重要组成部分，对于推动我国高等教育大众化进程起到了积极作用。然而，在新的时代背景和以新修订的《民办教育促进法》为主体的国家教育发展框架下，独立学院面临如何实现转型发展的困境和挑战。

一、独立学院发展面临的困境

独立学院在诞生之初，有着明显的“先发展后规范”的特征，从1998年江苏省和浙江省以“国有民办二级学院”的模式开始办学到2003年

---

* 罗媛，女，中国教育科学研究院教育发展与改革研究所助理研究员。

《关于规范并加强普通高校以新的机制和模式试办独立学院管理的若干意见》(以下简称“8号文”)出台之前，我国一直没有针对性的法律法规出台，这使独立学院缺少法律制度进行规范，因而普遍存在办学性质不清晰、管理体制不完善、人才培养质量不高、师资流动性大等问题。2008年，教育部发布《独立学院设置与管理办法》(教育部26号令)，目的是区分现有独立学院的性质，“公”“民”分开，或转成民办高校，或回归母体学校。由于回归母体高校难度太大，转设成为独立学院的主要选择路径。然而，从实际情况来看，独立学院的转设进度比较缓慢，面临重重障碍。

(一)办学性质不清晰，公办民办“两不靠”

2003年出台的“8号文”将1999年开始招生的普通本科高校按新机制、新模式举办的本科层次的二级学院统称为“独立学院”。独立学院依托母校的资源建立，但是由于办学性质不清晰，体制机制创新不足，师资上依附母体高校，长期陷入公办民办“两不靠”的尴尬局面，在人才培养模式上也很难满足地方经济社会的需求。同时，相应法律法规的滞后导致独立学院缺乏政策的规范指导和约束，为获取生源或弥补经费不足，一些独立学院发生了“假独立”“校中校”、变相双轨制等乱象，造成负面的社会影响。

(二)办学定位不明确，人才培养无法满足社会需求

“8号文”明确要求:“独立学院的专业设置，应主要面向地方和区域社会、经济发展的需要，特别是要努力创造条件加快发展社会和人力资源市场急需的短线专业。”然而，在实际上，由于起步晚，很多独立学院在人才培养上未能形成自身的理念和特色，在办学思路上走的也是学科型或教学型母体高校的发展路子，在学科专业设置上未能自主进行专业设置，与母体高校比较雷同，加之生源质量相对母体高校较弱，这使独立学院培养的人才存在理论水平不足、应用能力缺乏的问题。

(三)师资力量匮乏

由于对母体高校的依附性，独立学院师资来源也主要是母体高校，学科结构较为单一，教学方式和内容也不注意与母体高校进行区分。经过多

年的发展，虽然独立学院也建立了自己的专任教师队伍，但是大多数师资主要是聘用重点高校毕业生，延聘公办高校退休教师以及临时聘用其他高校的兼职教师。这些因素导致独立学院理论教学型教师较多，而实践教学型教师较少，能够胜任应用型大学这一定位的高水平“双师双能”型教师更是凤毛麟角。① 部分从企业聘请的专业人员理论水平不高，影响教学效果。此外，独立学院的教师以中低级职称的青年教师为主，高级职称教师比例较低，职称晋升难度大、师资结构不合理进一步导致人才引进难度大、师资流动性大的问题。

（四）内部治理结构尚未理顺

作为一种新的办学模式，独立学院探索出了一条具有中国特色的治理模式，但是由于投资者、举办者和母体高校之间的关系没有理顺，独立学院的治理较为混乱。很多独立学院没有制定学校章程，或者即使制定了也形同虚设，对董事长和董事的约束和限制性条款缺少对各利益相关者参与学校管理的相关规定，导致董事会治理流于形式。很多独立学院的董事长直接插手独立学院的办学和财务管理，有的独立学院的财务管理缺乏有效监管，学费收入被投资方随意挪用。

（五）遭遇转设困境

2006 年，《教育部关于“十一五”期间普通高等学校设置工作的意见》提出：“‘十一五’期间独立学院视需要和条件按普通高等学校设置程序可以逐步转设为独立建制的民办普通高等学校。”2008 年，针对独立学院在办学中假借政策之名搞“假独立”“校中校”和变相双轨制等乱象，教育部发布了《独立学院设置与管理办法》（以下简称“26 号令”），规定在 5 年内由独立学院提出考察验收申请，考察验收合格的，核发办学许可证。也就是说，全国符合条件的独立学院在 5 年内都要转设为独立建制的普通本科高校。该文件还从法律上对独立学院的设置标准和办学条件进行了合法

---

① 曾文峰：《独立学院“双师双能型”教师队伍建设探析》，载《人才资源开发》2019 年第 2 期。

化部署。在设置标准上，“独立学院应具有独立的校园和基本办学设施，实施相对独立的教学组织和管理，独立进行招生，独立颁发学历证书，独立进行财务核算，应具有独立法人资格，能独立承担民事责任”。[①] 在办学条件上明确规定：“校园占地面积不少于 150 亩（艺术类院校和国家另有规定的除外），为了保证今后发展需要，应预留发展用地，校园规划占地面积不少于 300 亩。”[②] 然而，自教育部“26 号令”出台后，2010 年，全国独立学院总数量为 323 所，到 2016 年下降至 266 所，只有 57 所转设为独立设置的民办普通本科高校，截至 2019 年 1 月，仅有 66 所独立学院转设成功。[③]

1. 多方利益博弈影响转设

独立学院转设是一次重大的利益调整，涉及公办高校、投资企业、政府部门、师生员工多方利益群体，转设对这些利益群体所带来的影响成了转设的主要障碍。对于投资者来说，转设可能就失去了母体高校这块“金字招牌”；对于母体高校来说，独立学院为其带来了经费来源，优化了师资结构，增强了社会影响力，因此不愿放弃继续举办独立学院；对于地方政府来说，独立学院已经成为公办高校筹措教育经费的稳定渠道，减轻了政府的公共财政负担，因此也有所顾虑。而对于独立学院来说，母体高校是独立学院办学的重要依托，母体高校的品牌优势和声誉帮助独立学院跨越了塑造自我品牌的漫长阶段，节约了巨大的成本，而脱离母体高校独立办学则意味着失去母体高校的光环，可能在生源、师资方面形成较大落差，因此没有转设的积极性。

2. 产权问题影响转设

独立学院落实法人财产权是学校作为法人存在并进行活动的物质基础，将资产过户到学校名下是独立学院通过验收考察的一个先决条件。

---

①② 中华人民共和国教育部:《教育部关于印发〈关于规范并加强普通高校以新的机制和模式试办独立学院管理的若干意见〉的通知》，http://www.moe.gov.cn/s78/A03/s7050/201206/t20120628_138410.html.

③ 《近 6 年已有 57 所独立学院转设为民办普通本科》，载《北京青年报》2016-01-27。

《独立学院设置与管理办法》第十二条明确提出："独立学院举办者的出资须经依法验资，于筹设期内过户到独立学院名下。本办法施行前资产未过户到独立学院名下的，自本办法施行之日起1年内完成过户工作。"独立学院是多种性质的投资主体进行的资本投入，具体地讲，有货币资产、实物资产和无形资产三种投资方式，这导致资产过户的关系也难以理顺，地方政府、高等学校与投资人围绕资产过户工作展开激烈的博弈，进展缓慢。截至2013年，全国只有138所独立学院完全落实法人财产权，仅占总数的44%[①]。转设较为集中的省份如辽宁、吉林、湖北、四川，转设独立学院均有真正的社会力量投资方，一开始就做到了独立校园、独立教学、独立财务，公办高校只投入了无形资产，产权结构比较清晰，因此投资企业与公办高校签订终止合作办学协议水到渠成。而转设较少的省份多数独立学院属于"国有民办"性质，公办高校不仅投入了无形资产，而且还投入了土地、校舍、实验设备等，该部分资产如何合法过户给目前被界定为非国有资产属性的独立学院存在困难。[②]

3. 独立学院的税费问题影响转设

独立学院转设过程中的税费问题也存在一些障碍。如对独立学院实施企业还是事业单位税收政策问题、进行资产评估的税收减免问题、独立学院按照办学协议返回母体学校的回报资产税收问题。根据政策规定，用于办学的校园、校舍过户到独立学院名下必须由出资方负责办理过户手续，承担过户过程中的税费。而独立学院土地、房舍等资产过户，要缴纳契税、营业税、增值税等总计相当于房地产价值约9%的税费，过户1亿元的房地产则要缴纳900万元的税费[③]，很大程度上影响了投资者的积极性。此外，对母体学校的无形资产评估没有标准，难以进行，且对母体学校来

① 《胡卫委员：以法治思维推进独立学院规范发展》，中国网，http://edu.china.com.cn/2016-03/09/content_37976581.html.

② 阚明坤：《我国独立学院转设现状分析及对策研究》，载《教育研究》2016年第3期。

③ 阚明坤：《我国独立学院转设区域分布现象、归因及对策》，载《教育发展研究》2015年第7期。

说，无形资产评估要交很多税费，难以操作。[1]

4. 办学指标难以达到影响转设

由于长期与母体高校处于依附关系，这类独立学院办学指标难以达到普通高等学校的设置条件。“26 号令”要求独立学院有“不少于 500 亩的国有土地使用证或国有土地建设用地规划许可证”。在实际执行过程中，部分独立学院现有用地难以取得合法的使用证。同时，随着土地资源的紧张、生源的减少，这项标准严重限制了独立学院的转设。

二、独立学院发展的对策建议

由于各个独立学院的办学情况有着巨大差异，因此不宜用一个模子和标准去对独立学院进行统一的规范，而是要遵循政府主导、分类施策的原则，分析各类独立学院各自的举办和发展模式，完善法律法规，深化办学体制改革，增强独立学院独立发展、规范发展、持续发展的能力。

（一）加快落实独立学院法人财产权

国务院颁布的《关于鼓励社会力量兴办教育促进民办教育健康发展的若干意见》明确规定：“民办学校举办者应依法履行出资义务，将出资用于办学的土地、校舍和其他资产足额过户到学校名下。”依法落实独立学院的法人财产权，明晰产权关系，独立学院的举办者则应将出资、校舍、土地过户到独立学院名下，例如，《浙江省关于支持独立学院发展的若干意见》规定：“切实保障和落实学校法人财产权，举办者和母体高校应将出资足额过户到独立学院名下，土地使用权证、校舍产权证必须办理在独立学院名下。学校存续期间，任何个人和组织不得抽取、挪用学校资产和办学经费。高校参与举办独立学院应严格执行教育部、省政府有关独立学院设置与管理的规定，通过签订合作办学协议明确母体高校与参与办学的社会力量各自的出资数额和出资方式，明晰产权关系。母体高校对独立学院的投资原则上应通过资产公司实施，由资产公司代表母体高校履行出资人

① 李延保:《中国独立学院调查报告》，中山大学出版社 2013 年版，第 76 页。

职责。”独立学院法人财产权的落实涉及教育、财政、税务、国土、房管等相关职能部门，应当发挥省级政府的统筹协调职能，共同推动改革的进行。

（二）科学定位，培养高素质应用型人才

鼓励独立学院向应用技术型高校定位和转型，服务地方经济社会发展，积极开展产教融合、校企合作，培养区域经济社会所需要的高素质技术技能型人才。第一，促进教育教学改革，开展“双证教育”，将学历教育与非学历教育有机结合，以职业标准为导向，切实培养学生的实践能力，提高学生的就业竞争能力。第二，构建工读结合、培养就业创业能力为核心的课程体系。运用工读结合的教育模式，确立以就业创业教育为核心的课程体系。加强独立学院与企业、行业协会、社会培训部门、科研机构的对接和合作，使专业设置和课程内容更具有针对性，从传授学科知识向培养工作技能转变。第三，建立实习实践、创新创业平台。积极动员各方资源，通过校企合作共建实习实训基地，积极引入实习就业、创新创业项目，举行职业技能和创新创业大赛，培养学生的创新创业意识和实践能力。第四，进行就业指导。加强独立学院与地方政府、企业之间在劳动力市场需求和人才资源之间的对接，根据区域人才需求为学生提供职业生涯规划教育和创就业指导，为学生提供明确的职业发展方向。第五，发挥独立学院体制机制灵活的优势，增强专业设置和选择灵活性，尊重学生的个性发展，允许学生在选择自己专业上有更大自主权，能够根据个人兴趣和社会需求自由转专业。

（三）落实教师同等待遇，加强“双师双能型”教师队伍建设

落实独立学院教师在职称评审等方面与其他普通高校教师享受同等待遇，健全独立学院教职工社会保障机制，使独立学院与同级同类公办学校的教职工在医疗、住房、养老等方面保障水平基本相当。改革职称评聘、薪酬激励、绩效考核制度，提高独立学院教师岗位对人才的吸引力，增强教师队伍的稳定性。加强“双师双能型”教师队伍建设，独立学院应一方面加强教师培训，增加教师到企业接受培训、挂职工作和实践锻炼的机

会，将高校的智力资源和企业的实践培养相结合，建立“双师双能型”骨干师资队伍。另一方面从行业、企业聘用专业人才、技术人才、管理人才和高技能人才充实和提升专、兼职教师队伍。

（四）完善治理结构

完善治理结构包括外部治理和内部治理两个方面。在外部治理上，首先，独立学院应当明确与地方政府之间的管理归属关系。例如，《浙江省关于支持独立学院发展的若干意见》规定：“独立学院随母体高校分别对应由省教育厅主管或由设区市人民政府主管。省外高校在浙江省举办的独立学院由学校所在地设区市人民政府主管。省教育厅统筹指导全省独立学院发展。”其次，独立学院应明确与母体高校之间的产权关系和治理关系。《浙江省关于支持独立学院发展的若干意见》规定：“母体高校基于产权持有比例参与或确定独立学院改革发展重大事宜，帮助独立学院建立健全内部治理结构，支持帮助独立学院发展。独立学院与母体高校应通过协议方式明确相关责任和利益关系。”在内部治理上，独立学院应完善学校章程，按照学校章程建立健全董事会制度，优化内部治理结构。应理顺举办者、所有者、管理者之间的关系，实行举办权和经营权相分离，明确各利益相关者的权责分工，建立科学的决策制度和决策程序；应切实加强党建工作，推行董（理）事会、行政班子、党委三方成员“双向进入，交叉任职”机制，保证党组织参与学校重大决策；应吸引一定比例的地方企业管理人士参与董事会的管理，保障学校的人才培养方向符合区域社会的需求，促进独立学院办学目标的实现；应通过教职工代表大会、学术委员会、学位评定委员会等制度完善独立学院教师参与学校内部治理的机制，促进民主管理、保障学术标准；应加强资产管理与财务监督，规范独立学院的财务行为。

（五）分类施策，推进转设

政府职能部门应系统分析独立学院的办学实际情况，分类施策，按照《独立学院设置与管理办法》的要求，积极推动独立学院转设。目前已有浙江省、江苏省等地出台了针对独立学院转设的相关政策。2017 年，江苏省启动了独立学院省级规范验收工作，要求到2022年基本完成对全省独立学院的规范验收。广东省教育厅《开展〈广东省高等学校设置“十三五”规划〉中期调整工作的函》中提出，将独立学院转设摆在首要位置。要求各相关高校、社会组织要逐一梳理、系统分析独立学院的办学实际情况，积极推动独立学院能转快转、能转尽转。优先支持条件基本成熟的独立学院转设纳入设置规划调整，成熟一所、转设一所。2020年5月15日，教育部办公厅出台了《关于加快推进独立学院转设工作的实施方案》，要求“把独立学院转设作为高校设置工作的重中之重，积极创造条件推动完成转设。到2020年末，各独立学院全部制定转设工作方案，同时推动一批独立学院实现转设。原则上，中央部门所属高校、部省合建高校举办的独立学院要率先完成转设，其他独立学院尽早完成转设”。该政策的出台意味着独立学院的转设全面进入“快车道”。对于解决转设过程中面临的障碍，各地方政府也有不少实践和尝试值得参考。

1. 出台激励性政策支持转设

地方政府应出台对独立学院的激励性支持政策，推动独立学院转设。例如，《江苏省关于加快推进独立学院规范发展的意见》规定：“对转设后的独立学院，有关部门在招生计划、收费自主权、专项资金等方面予以扶持，并支持鼓励通过省级验收的独立学院和转设的非营利性民办本科高校申报专业硕士学位人才培养项目试点工作。”《浙江省关于支持独立学院发展的若干意见》出台了给予转设成功的独立学院包括专项财政补贴、收费自主权、用地、房产、用水用电在内的全方面政策支持：“通过省级验收的独立学院，享受同级政府对民办教育的财政补助政策；获得的省级学科专业等竞争性项目，享受与公办高校一样的省财政补助政策。独立学院通过规范验收后，可提出收费改革试点申请，经省价格、教育主管部门评估同意，在公开办学成本的基础上由其自主制定确定学费和住宿费收费标准。全面落实国家有关教育税收优惠政策。独立学院在校园用地、房产以及提供学历教育取得的收入等方面享受与公办普通高校同等的政策，在建设规划、用水、用电、用气、排污等方面享受与公办普通高校同等的收费优惠政策。”

2. 降低准入门槛，调整独立学院占地面积标准

降低准入门槛，允许省级政府根据地区土地资源情况适当调整占地面积标准。鼓励地方政府将独立学院建设用地纳入当地教育整体规划，采取行政划拨、优惠出让、贷款贴息等方式予以支持。为促进独立学院办学面积达到规定标准，江苏、浙江、江西等省份采取了高校与地方政府合作的方式加大扶持力度，政府提供无偿用地、无偿建设、支持迁址办学等优惠政策，优化独立学院布局，拓展办学空间。《江苏省关于加快推进独立学院规范发展的意见》规定：“保障合理用地需求。经教育部门认定的非营利性独立学院和转设后的非营利性民办本科高校，享受与公办高校同等的用地政策，按划拨等方式供地。”

3. 减免资产过户税费

独立学院土地、校舍过户，地方政府应出台支持政策给予一定比例的税费优惠，以提高出资者的积极性。目前，已经有黑龙江、上海、重庆三地给予了税费减免。《黑龙江省民办教育促进条例》第四十二条规定：“社会组织或者公民个人以不动产用于办学，原有不动产过户到民办学校名下，并且不属于买卖、赠予或者交换行为的，在办理过户手续时，只收取证照工本费。”

4. 母体高校无形资产增值部分纳入独立学院集体资产

独立学院转设遭遇瓶颈，还有一个原因是公办高校与投资企业在无形资产划分、资产增值部分的认识和利益诉求存在差异。26 号令明确规定：国家的资助、向学生收取的学费和独立学院的借款、接受的捐赠财产，不属于独立学院举办者的出资。对此，有学者建议，地方教育主管部门应建立或委托专门的资产评估机构，将公办高校无形资产依法作价，重新完善合作协议，参照办学协议，将无形资产带来的增值部分纳入独立学院集体所有，确保教育公益性。[1]

---

① 王淼：《独立学院的转型困境与政府作为》，载《湖北社会科学》2018 年第 7 期。

5. 独立学院转设时定位为应用型本科高校

2014 年，国务院发布《关于加快发展现代职业教育的决定》，其中提出，独立学院转设为民办高等学校时，鼓励其定位为应用技术类型高等学校。据统计，51 所新转设的民办本科院校，均定位培养应用型人才，其中有 11 所明确提出建设应用技术大学的办学目标。[①] 2016 年 6 月，广东省教育厅、省发改委和省财政厅联合下发《关于引导部分普通本科高校向应用型转变的实施意见》，明确全省大部分普通本科高校（含民办高校和独立学院）原则上均要通过学校整体转型或部分二级学院、部分学科专业转型的方式，主动向应用型高校转变，鼓励独立学院转设为独立设置高等学校时，定位为应用型本科高校。广东省还将规范验收后有条件的独立学院和转设后的民办本科高校纳入应用型高校转型试点范畴，给予应用型人才培养模式改革的各项政策支持。

6. 将转设与分类管理改革相结合

独立学院的规范工作应当与完善民办教育的相关法律制度相结合，以民办教育分类管理改革为契机，支持独立学院按照营利性和非营利性不同路径进行定位和发展。对此，有的学者提出：鼓励由母体高校、地方政府、民营企业创办的独立学院按照非营利性独立学院发展，在财政资金、土地划拨、生均经费、教师身份方面给予与公办高校同等待遇，但规定资产属于公有财产，办学结余不得用于分配。其他一些民营企业、教育集团、私人投资的独立学院可按照营利性的定位发展。此类独立学院产权归属于投资者，举办人有权进行校产转移、利润分配，在工商部门注册，照章纳税。[②]

---

① 阙明坤：《我国独立学院转设现状分析及对策研究》，载《教育研究》2016 年第 3 期。

② 《胡卫委员：以法治思维推进独立学院规范发展》，中国网，http://edu.china.com.cn/2016-03/09/content_37976581.html.

后记

本书是中国教育科学研究院推出的民办教育蓝皮书之一。本书也是中国教育科学研究院“全国民办教育协作创新联盟”的协作成果，由中国教育科学研究院教育发展与改革研究所（原教育政策研究中心）承担课题的研究撰写任务，课题负责人为中国教育科学研究院教育发展与改革研究所所长吴霓研究员。

多年来，独立学院取得了较为快速的发展，逐渐成为我国高等教育的一个重要组成部分，为社会提供了丰富多样、优质特色的民办教育服务，也成为我国教育事业发展的重要增长点和促进教育改革的重要力量。但同时，独立学院在发展过程中存在着产权归属不清晰、内部治理不健全等问题，在一定程度上影响了高等教育健康发展。为此，国家大力推动独立学院的转型发展。2020 年 5 月 15 日，教育部办公厅印发《关于加快推进独立学院转设工作的实施方案》，要求把独立学院转设作为高校设置工作的重中之重，积极创造条件推动完成转设，对独立学院转设工作有了最新的要求和部署，独立学院也迎来了新的发展阶段。

本书在全面描述全国和各省区民办教育总体发展状况的基础上，运用教育统计数据呈现了民办教育的最新发展状况，以及与上一年对比体现出的变化特征。同时，聚焦独立学院的发展改革，从政策背景和办学实践等多个维度进行研究，分析我国独立学院的发展模式、特征和趋势。尤为具有特色的是，选取了独立学院的典型案例进行分析，为独立学院的转型发展提供了鲜活的经验和政策参考。本书是关于独立学院发展改革的重要研究成果，丰富了这一领域的相关研究。